Inhaltsverzeichnis

Einleitung – Sozi und Nazi

Als ich dieses Buch bereits fertiggestellt hatte, kam es zu einem Justizeklat, Juni 2015, der allerdings ein erschreckendes Beispiel für den Zustand dieses Landes ist. Die Staatsanwaltschaft von Hamburg stellte fest, dass Gregor Gysi von Die Linke, bezüglich seiner Stasitätigkeit gelogen hatte. Daraufhin wurde die Staatsanwaltschaft Berlin angewiesen Ermittlungen aufzunehmen. Doch der zuständige Staatsanwalt weigerte sich. Das erklärt nicht nur sehr deutlich in wieweit das System der BRD von subversiven Linken zersetzt wurde. Anbetracht des Umstandes, wie schnell das Thema von den Medien fallen gelassen wurde, ist daraus auch zu erkennen, dass wir uns von der Vorstellung ehrlicher und vor allem freier Medien verabschieden können.

Am 16. 2. 2015 erschien der Artikel *Jugendliche Franzosen festgenommen* in der linken taz. Allerdings aus dem Artikel *L'antisémitisme impulsif de cinq gars ordinaires* aus der französischen Zeitung *Le Monde*, vom 19. Februar geht hervor, dass die Täter, die 250 jüdische Gräber zerstörten und ein Holocaustdenkmal dazu, zur Antifa gehörten. Die deutschen Zeitungen melden das nicht, bis auf jüdische. In einer las ich sogar die Absurdität, dass man keine antisemitische Motivation feststellen konnte, denn die Täter seien Linke gewesen. Aber Hallo? Was soll das denn für eine Logik sein? Monika Winter schrieb dazu in der Jüdische Rundschau:

> *„Pierre B., der Anführer der Bande, war in der Antifa-Szene aktiv und tat dies auch mit seinem äußeren Erscheinungsbild durch 'antifaschistische' Symbolik an seiner Kleidung kund...*

2

> *Wir kennen es aus Deutschland, dass Teile der antifaschistischen Linke mit ihren Aufrufen 'Nie wieder' tote Juden meinen, während sich gleichzeitig ihr Kampf gegen lebende Juden in Israel richtet, um sich mit 'Palästina' zu solidarisieren, ein Land, das es nicht gibt. Erinnern wir uns an die Terrororganisation der RAF in Deutschland und der 'Revolutionären Zellen', so ist das Verhältnis der 'Linken' zu Antizionismus und gleichzeitigem Antisemitismus sehr deutlich sichtbar. Während der Entführung des Fluges 139 der Air France, der von Tel Aviv über Athen nach Paris führen sollte, trennten die Entführer jüdische von nichtjüdischen Geiseln. Antifaschisten können sehr wohl Antisemiten sein.*[1]

Gewertet wird der Anschlag, in den Statistiken der Polizei, jedoch als rechtsextremes Verbrechen, obwohl die Täter „Antifaschisten" sind. Was die Antifa tatsächlich tut, wenn sie der toten Juden der Nazi Zeit gedenkt, ist etwas, das schon viele andere vor ihr getan haben. Sie unterteilen in „nützliche Juden" und „nicht nützliche". Die nützlichen

---

1 Jüdische Rundschau April 2, 2015: Schändung des jüdischen
   Friedhofs im Elsass - Anschlag hat linksextremen Hintergrund

3

sind tote Juden, die unnützen, die noch lebenden.

Ich richte mich hier speziell an die deutschen Juden und will ihnen sagen: Der Sozi ist in ganz wenigen Ausnahmefällen euer Freund. Der Antisemitismus ist ein Roter Faden in der Linken Bewegung, welcher noch vor Karl Marx begann. Die deutschen Juden gehören zu Deutschland. Sie sind ein Teil des Landes und Kultur. Sie haben die mit geschaffen. Die Solidarität der deutschen Linken ist eine Hand, die euch ein Danaergeschenk reicht.

Was wir heute in Deutschland vorfinden, hat nicht mehr die Klasse von einst. Die Bürgerrechte sind reduziert und sind einem permanenten Angriff von Links ausgesetzt. Der Bürger wird von der eigenen Regierung gegängelt, um ihn dahin zubringen, was er gar nicht will. Bei grundsätzlichen Fragen wie der staatlichen Integrität und nationalen Identität wird er gar nicht mal gefragt. Und das Kuckucksei von Präsident, Joachim Gauck, meint sogar, dass eine direkte Demokratie gefährlich sei. Das einzige Gefährliche in diesem Land, sind Ansichten, wie sie dieser Mann teilt.

Ein Parteitag von Grünen und Die Linke ließe sich eher mit einer Freakshow vergleichen: Terroristen, Kann nix, Straßenschläger, Drogenhändler, Studienabbrecher, Kinderliebhaber, Dumm und Dümmer, Taxischeinbesitzer und Paradetunten, kurz der unqualifizierte Auswurf der Bodensatz der Gesellschaft meint sich berufen ein Land zu regieren und ihre Minderheitenmeinung als politisch korrekt zu verkaufen.

Wir müssen uns von diesem Evolutionsabfall emanzipieren und das Land gemeinsam retten, wenn wir nicht in eine große Tragödie hineingeraten wollen.

So sehr die deutsche Linke auch vom *Kampf gegen Rechts* redet, muss uns klar sein, das es nicht darum geht Nazis zu bekämpfen, sondern das Bürgertum. Das von ihnen so gern benutzte Wort Nazi, mit denen sie ihre eigenen Gegner bedenken, stammt ursprünglich aus der Bezeichnung für Linke. Das Wort kannte man in Bayern, wo es als Kurzform für Ignaz verwendet wurde. Aber es wurde auch in Bayern, Böhmen und Österreich benutzt, um eine törichte Person zu benennen. In Bayern auch für Österreicher, die nach Deutschland kamen, wie eben Adolf Hitler.

1903 lässt sich der Begriff dann nachweisen, als Bezeichnung für die Nationalsozialen um Friedrich Naumann, der noch immer bei FDP und SPD verehrt wird. Götz Aly bezeichnete ihn 2011 als *„Leiche im Keller der FDP"*. Kurt Tucholsky verwendete 1923 zum ersten Mal *Nazi* in der heutigen Form. Und zwar, um die Nationalsozialisten, deren Abkürzung ja eigentlich *Naso* lauten müsste, von der SPD zu unterscheiden. Das war in der damaligen Zeit nämlich nicht so einfach wie heute. Speziell, weil die NSDAP von SPD Politikern dominiert war. Da man diese aber bereits *Sozi* nannte und fest eingebürgert war, sagte man eben nicht *Naso*, sondern *Nazi.* Daher kommt es nämlich, das Goebbels ein Buch mit dem Namen *Der Nazi-Sozi* schrieb. Denn die NSDAP, hat sich eben nicht (frei nach einem Zitat von Franz Josef Strauß) nur aus der Beamtenschaft gebildet, sondern durch das Heer von SPD-lern, die aus der SPD wegen derer enttäuschenden Politik austraten und in die NSDAP als die für sie akzeptabelste sozialistische Partei eintraten. Was übrigens wieder geschieht seit einigen Jahren.

Otto von Habsburg schrieb 1981 im Vorwort des gegen die DDR-Publikation *Braunbuch Kriegs- und Naziverbrecher in der Bundesrepublik Deutschland und in Westberlin* gerichteten *Braunbuch DDR,* dass diese Dokumentation eine *„brauchbare Waffe"* gegen jene sei, die *„Deutschland – gemeint war die BRD - diskreditieren wollen".* Man werde zeigen, dass *„die sogenannte DDR und nicht die Bundesrepublik das geistige Erbe Hitlers* *übernommen hat."*[2]

Für einen Teil Deutschlands endete der nationalsozialistische Staat nämlich nicht 1945, sondern eine „Light"-Version erst 1989. Und wird nun wieder, durch die Methode der Frankfurter Schule, reintegriert. Selbst ein Blick auf die finanziellen Förderer der deutschen Linken, insbesondere Frankfurter Schule und Die Grünen, offenbart dieselben Finanzkreise wie jene der NSDAP.

Nicht nur das die DDR weitaus mehr Alt-Nazis integrierte (bei einer viel geringeren Bevölkerungszahl), sie übernahm ganze NS-Strukturen und Organisation unter lediglich neuem Namen. 1960 waren 27% der SED Altnazis gewesen. DDR verkaufte ohne Wissen der Personen Patienten als Versuchskaninchen an Pharmakonzerne. Die Toten wurden vertuscht.[3]

Dass Simon Wiesenthal Zentrum sprach von Hunderten NS-Verbrechern, bis hin zu Verantwortlichen in den Konzentrationslagern, die in der DDR untergetaucht war. Die Linke spricht von einer Verschwörung und verneint das bis zur Gegenwart, spricht von einer Intrige, um die DDR zu diskreditieren und verteidigt die DDR weiterhin. Auf der Internet-Seite www.mfs-insider.de (das steht für Ministerium für Staatssicherheit) bestreitet man alles auch schön begründet, warum an dieser Verleumdung in der DDR ein Interesse besteht:

> *„Zweifelsohne waren die Materialien der DDR über die Braunen in der BRD von Sachkunde getragen und mit Beweisen unterlegt. Auf Vermutungen ließ man sich nicht ein. Bei den Westpublikationen reichte als Vorwurf die*

---

2 Kappelt, 1981, S. 10
3 Der Standard , 13. 5.2013

6

Mitgliedschaft in der
NSDAP, um eine Belastung
zu behaupten."

Aber Indizien oder Beweise bringt er nicht, es ist
einfach nur weg erklärt, damit der deutsche Linke sich
wieder genüsslich auf die Schulter klopft und sagt: *„Wir*
sind die Guten." All die tatsächlichen Vorfälle der
Gegenwart, in denen nachweislich Linke Übergriffe von
Rechten vortäuschten, werden mit keinem Wort erwähnt,
um nicht in Erklärungsnot zu geraten. Weiter schreibt er:

„Simon Wiesenthal redete
1990 von Hunderten von
Nazis, die die DDR
versteckt gehalten habe
und er werde dem
Bundesjustizministerium
eine namentliche Liste
unterbreiten. Die Zeitungen
verbreiten das genüsslich.
Ging es doch darum, dem
Auftrag des damaligen
Bundesjustizministers
Klaus Kinkel an die
deutsche Justiz umfassend
Folge zu leisten, nämlich
die DDR zu delegitimieren.
Und da zu deren Legitimität
auch der von der DDR
ernst genommene
Antifaschismus gehörte,
wurde auch dieser zur
erklärten Zielscheibe. Zwar
wurde die angekündigte
Liste Wiesenthals nie
vorgelegt – Frau
Bundesjustizministerin

> *Däubler-Gmelin teilte mir*
> *auf meine Anfrage*
> *schriftlich mit, dass eine*
> *solche Liste im*
> *Bundesjustizministerium*
> *nicht aufzufinden sei -, aber*
> *das tat den Bemühungen*
> *keinen Abbruch, die DDR*
> *umfassend zu diffamieren."*

Und das ist ganz klar eine Falschaussage. Im Spiegel-Online berichtet das Magazin im Artikel vom 25.11.2013 von Björn Hengst, konkret von vier Fällen, die vom Simon Wiesenthal Zentrum unter anderem identifiziert wurden.

Henry Leiden kommentierte zu diesem Thema:

> *„Was bleibt von der bis*
> *heute verbreiteten These*
> *von der systematischen*
> *und weitgehenden*
> *Verfolgung von NS-*
> *Verbrechern? Nicht viel.*
> *Alle Aktivitäten zur*
> *Aufarbeitung und Ahndung*
> *nationalsozialistischer*
> *Verbrechen hatten sich*
> *strikt an den aktuellen*
> *Interessenlagen der DDR*
> *auszurichten."*[4]

In ihrem perversen Glauben an den Neuen Menschen im *„real-existierenden Sozialismus"* (Honecker) kam die SED zu einem Motto, das sie noch heute gern und häufig benutzt: „Die Nazis haben nichts mit Nationalsozialismus zu tun." So wie wir es noch immer bei der Die Linke hören: Die Toten des Kommunismus haben nichts mit Kommunismus zu tun.

Passend dazu ein Zitat des italienischen Sozialisten,

---

4   Leide S. 414

8

Ignazio Silone:
> *„Wenn der Faschismus*
> *wiederkehrt, wird er nicht*
> *sagen 'Ich bin der*
> *Faschismus'. Nein, er wird*
> *sagen 'Ich bin der*
> *Antifaschismus'. "*

Die Erklärung der deutschen Linken ist so simpel wie kindisch, auch wenn man sich gern als wissenschaftlich und aufgeklärt darstellt. Das, was damals geschah, war ja nicht der „echte" Sozialismus/Kommunismus und darum kann man dem „edlen" Kommunismus/Sozialismus Gedanken diese nicht anlasten. Aha! Sehr schön, demzufolge haben die Nazis wohl den Nationalsozialismus auch nur falsch interpretiert und Hitler wollte eigentlich in den Konzentrationslager Therapien von Singen und Klatschen organisieren?
> *„Je weiter sich eine*
> *Gesellschaft von der*
> *Wahrheit entfernt, desto*
> *mehr wird sie jene hasse,*
> *die sie aussprechen." -*
> George Orwell

Im hier vorliegenden Buch setze ich meine Arbeit vor, die ich zuvor lediglich in meinem Blog im Internet publizierte. Ich hatte festgestellt, dass viele meiner Artikel teilweise oder komplett auf andere Seiten „entführt" wurden. Ohne jeden Verweis auf meine Artikel, sondern als eigene ausgegeben. Darunter auch Seiten, von denen ich mich distanziere und nicht unterstütze. Insbesondere alles, was auch nur im entferntesten mir Reichsbürgern zu tun hat.

1. Mythos von der entnazifizierten DDR

*Antisemitische Klischees wurden von den
Kommunisten eins zu eins von den Nationalsozialisten
übernommen: Links eine Karikatur aus dem Stürmer in den
1939er-Jahren, rechts dieselbe Darstellung in einer
sowjetischen Zeitschrift von Mitte 1970*

Die stalinistischen Säuberungen fanden ihr Echo auf
ost-deutschem Boden genauso wieder, Glasnost und
Perestroika. Den Juden gegenüber hielten sich im
Wesentlichen die bekannten Positionen:
*Was das Dritte Reich betraf, so war für die DDR das
Thema auf ihrem Territorium erledigt, weil der BRD die
alleinige Nachfolge zugewiesen wurde.*

Dies geschah unter dem Verweis auf die
Eingliederung von Nazikadern ins System.

Das Bipolare dabei war, dass die DDR es genauso tat.
Vielen Nazis viel es leicht den kleinen Schritt auf die SED

zu zumachen. Antisemitische Ausschreitungen in Westdeutschland wurden hingegen mit Entrüstung angeprangert.

Die Entnazifizierung war in der sowjetischen Besatzungszone *„entschlossener und konsequenter als in den Westzonen umgesetzt"* worden. Allerdings:

> *„Die Entfernung ehemaliger*
> *NSDAP-Mitglieder aus*
> *allen wichtigen Stellungen*
> *diente … nicht nur der*
> *Abrechnung mit dem*
> *Nationalsozialismus,*
> *sondern sollte zugleich den*
> *kommunistischen*
> *Führungsanspruch im Zuge*
> *der 'antifaschistisch-*
> *demokratischen*
> *Umwälzung' durchsetzen."*

Mit den Reparationszahlungen an die Sowjetunion betrachtete die DDR ihren Beitrag zur Wiedergutmachung vor der Geschichte als geleistet. Das Luxemburger Wiedergutmachungsabkommen von 1952 wurde von der DDR abgelehnt und erzeugte ein sehr negatives Image, verschlimmert durch die Nichtaufnahme diplomatischer Beziehungen zu Israel.

Im Sprachgebrauch der DDR gab es übrigens keine Verwendung der Begriffe Holocaust oder Shoa. Man sprach zwar von Ermordung und Verbrechen, doch das war etwas dürftig für eine industrielle Tötungsmaschinerie und macht das ganze lapidar. Die Holocaustverharmlosung war also Politik. Die Erklärung, das die DDR halt nicht am Holocaustdiskurs der BRD beteiligt war ist unbefriedigend. Da die DDR sich geweigert hatte daran teilzunehmen und zum Beispiel explizite Anweisungen in den DEFA (Deutschen Film-Aktiengesellschaft) Studios gab, diese

Begriffe nicht zu verwenden. Im Bezug auf die offizielle Position der SED (nichts mit der nationalsozialistischen Vergangenheit Deutschlands zu tun zu haben) gibt es für diese Weigerung der Begriffe gar keinen plausiblen Grund. Denn, wenn der BRD ohnehin die Alleinschuld am NS-Staat gegeben wurde, dann wäre es ein Leichtes es mit dem Holocaust genauso zu tun. Die Verwendung zu verweigern belief sich auf eine reine Trotzhaltung, gegen diese Begriffe.

Die Juden in der DDR genossen dieselbe Freiheit wie die Christen: Ihre Religion wurde als Relikt aus einer unvollkommenen Welt gesehen. Der Umgang mit den außerhalb der DDR lebenden Juden war von den geopolitischen Interessen des Ostblocks geprägt. Amerika war der Hauptgegner im Kalten Krieg und außerdem der Sitz des internationalen Finanzkapitals. In der Nahostpolitik bekämpfte die DDR Israel mit den schärfsten rhetorischen Waffen, unterstützte die arabischen Feinde des jüdischen Staates und gewährte Terroristen Unterschlupf, Finanzierung und Ausbildung. Dass sich die Haltung der DDR gegenüber den jüdischen Gemeinden etwa ab 1985 zu entspannen schien, war außenpolitische Taktik: Die SED suchte, vor allem aus wirtschaftlichen Gründen, eine Annäherung an die USA. Weil sie ihren eigenen Klischees stets aufgesessen war, glaubte sie, durch Hofieren der jüdischen Gemeinden und der internationalen jüdischen Organisationen in den USA Eindruck schinden zu können.[5]

Wie sehr antisemitische Stereotypen in der Gesellschaft der DDR vorhanden waren, zeigt der Fall Paul Merker.[6]
Merker vertrat als führendes Mitglied der SED-Partei eine nicht-antisemitische und aufgeklärte Haltung zum

---

5   Offenberg, S. 208
6   Ausführlich dargestellt, in: Illichmann: S. 82 ff.

Judentum, weil er als Emigrant in Mexiko eine klarere Sicht gewonnen hatte als jene, die innerhalb Deutschlands von einem System ins andere wechselten oder aber auch jenen, die ausschließlich in Moskau geschult worden waren, um in der DDR führende Funktionen zu übernehmen. Merkers Positionen deckten sich im Wesentlichen mit denen jener Intellektuellen, die durch die Erfahrung des Nationalsozialismus dem Kommunismus grundsätzlich sympathisierend gegenüberstanden.[7]

Merker musste, in die DDR zurückgekehrt und in den Sog der antisemitischen Welle der sogenannten Moskauer Ärzte Prozesse geraten, am eigenen Leib erfahren, dass es nicht der theoretisch-humanistische Ansatz war, der die politische Gestalt der DDR laut Propaganda prägte, sondern eine diktatorische Bürokratie, eingebunden in den unzweideutigen Frontverlauf des Kalten Krieges und mit großen Ähnlichkeiten zum System der NSDAP. Die Führung der SED wählte als ihren Beitrag zu Stalins antisemitischem Säuberungsprogramm aber keinen Juden:

> *„Die Ursachen mögen in einem zweifellos bei DDR-Offiziellen vorhandenen deutschen Schuldkomplex gegenüber Juden zu suchen sein. Ein offen zur Schau getragener Antisemitismus hätte zudem das ohnehin geringe internationale Prestige des ostdeutschen Staates und seiner Führung enorm beeinträchtigt."[8]*

---

7   Vgl. etwa Lion Feuchtwangers Ansichten, in: „Exil", Berlin 1963, S. 684 ff.
8   Timm, 1993, S. 159

13

So entschied man sich für eine andere Strategie als die tschechoslowakische KP, die 1952 im *„Prozess gegen die Leitung des staatsfeindlichen Verschwörungszentrums mit Rudolf Slánsky an der Spitze"* unmissverständlich die jüdische Herkunft der vermeintlichen Staatsgegner hervorhob:

> *„Das Bild einer 'jüdischen Weltverschwörung', von Hitler nur sieben Jahre früher gezeichnet, lebte im Prager Prozesssaal wieder auf … Der Slánsky-Prozess hatte für Stalin einen ähnlichen Stellenwert wie die Reichspogromnacht vom 9. November 1938: Die Reaktion des Auslandes, aber auch der Bevölkerung, sollten zeigen, ob bei den weiterreichenden Repressalien mit irgendeinem manifesten Widerstand zu rechnen war."* [9]

Es war identisch mit der Zeit des Nationalsozialismus. Dabei ist anzumerken, dass der Pogrom von 1938 bei der Bevölkerung keineswegs zu jenem durchschlagenden Erfolg geworden war, den sich die Nazis gewünscht hatten:

> *„… Der Kristallnacht-Pogrom hat gezeigt, dass die deutsche Öffentlichkeit alles andere als*

---

9 Vgl. Keßler, S. 86

enthusiastisch auf die
Plünderung des (jüdischen)
Eigentums und die
Niederbrennung der
Synagogen reagierte. Der
Pogrom war nicht
'spontan', sondern zentral
vom Regime koordiniert,
welches über die
Vorbehalte in der
Bevölkerung durch die
Geheimdienstberichte
genau informiert war. In der
Konsequenz wurde Gewalt
gegen die Juden künftig
geheim und in einer
'ordentlicheren' Weise
durchgeführt."[10]

Zwar kann nicht angenommen werden, dass die DDR-Führung in bewusstem Rekurs auf die nationalsozialistischen Erfahrungen ein derart strategisches Kalkül verfolgte, als sie mit Merker einen Nicht-Juden als Hauptopfer in einem antisemitischen Prozess wählen würde – bemerkenswert ist die Parallele offensichtlicher Skrupel jedenfalls. Allerdings dürften andere Gründe den Ausschlag für die Wahl Merkers zum „Hauptangeklagten" gegeben haben:

„*... In Deutschland selbst*
schien jede Regierung, die
auch nur den leisesten
Versuch machte, den
Juden zu schaden,
politisch und moralisch für
immer geächtet. Am

---

10 Wistrich, ebd. S. 74

wenigsten war denkbar,
dass der offizielle
Kommunismus, die SED-
Führung, die Solidarität mit
den Juden aufkündigen
könnte ... Nach der
Barbarei des Nazismus
schien es unmöglich, dass
eine antijüdische Politik in
dem Land, von dem der
Holocaust ausgegangen
war, mehrheitsfähig werden
könnte. "[11]

Neben diesen Bedenken dürften auch machttaktische Erwägungen innerhalb des Ostblock-Gefüges eine Rolle gespielt haben, zumal Stalin Ulbricht stets zu schwächen suchte und durchaus politischen Nutzen darin gesehen hätte, Ulbricht mit dem *„Odium des Antisemitismus zu belasten"*[12]:

„Ulbricht und seine
Anhänger durften im
Interesse des eigenen
Überlebens Stalins Weg
der offenen
Judenverfolgung nicht
mitgehen ... Es erschien
ihnen opportuner,
'zionistische
Abweichungen' von der
Parteilinie im Kontext ihrer
Kampagne gegen
'Westemigranten' zu
bestrafen. Ein Jude wie

---

11 Keßler, ebd. S. 88
12 Keßler, ebd. S. 89

16

*Abusch[13] hätte als
'deutscher Slánsky'
Ulbricht weit mehr
geschadet als genutzt.
Auch in einem
Schauprozess mit
antisemitischer
Komponente schien ein
Nichtjude als
Hauptangeklagter
besonders prädestiniert.
Dann fiel es
gegebenenfalls leichter,
den Vorwurf des
Antisemitismus
zurückzuweisen."[14]*

Dessen ungeachtet präsentierte die SED mit den am 4. Januar 1953 im Neuen Deutschland die *„Lehren aus dem Prozess gegen das Verschwörerzentrum Slánsky"*, in welchen etliche antisemitische Klischees eingesetzt wurden.[15]

Für uns demokratische Kräfte, muss es aber als Erstes eine Lehre geben: Der Linke spricht gern von Verschwörungstheoretikern, um seine Feinde lächerlich zu machen. Greift aber hemmungslos auf Verschwörungen zurück, um seine Gegner zu bekämpfen.

Paul Merker hatte allerdings doppeltes Pech. Auch seine jüdischen Mitstreiter distanzierten sich von ihm, nicht

---

13 Alexander Abusch, Vertrauter Paul Merkers in der Emigration und Mitglied des Parteivorstandes der SED, 1950 aller Parteifunktionen enthoben; zu seiner Person, vgl. Illichmann, ebd. S. 86 ff.

14 Keßler, ebd. S. 89

15 Lehren aus dem Prozess gegen das Verschwörerzentrum Slánsky, in: Einheit. Zeitschrift für Theorie und Praxis des wissenschaftlichen Sozialismus. (Hrsg.) ZK der SED, 8. Jg., Heft 2, Februar 1953, S. 205

17

zuletzt, um selbst der Verfolgung zu entgehen.[16]

Die Vernehmungen von Paul Merker sind aufschlussreich. In der DDR-Bürokratie eigenen Sachlichkeit lassen sich die bekannten Schemata wie etwa jenes der jüdischen Weltverschwörung erkennen.[17] Ein in die Zelle Merkers eingeschleuster Stasi-Spitzel mit dem Decknamen „Erich" berichtet:

> *„Am 29.1.53, als Merker von der Vernehmung kam, erzählte er folgendes: 'Es ist ja wie bei den Faschisten. Heute wurde mir vorgeworfen, ein 'Judenknecht' zu sein, weil ich 1942 einen illegalen Artikel gegen den Antisemitismus in Deutschland geschrieben und verbreitet habe."[18]*

Auch ich wurde bereits mit diesem Wort *Judenknecht* bedacht, abseits von *Zionistenschwein*. Und dies eben nicht von Neonazis oder Rechten, sondern vom denselben Linken, die stets behaupten, dass sie nur berechtigte Kritik an Israel üben würden und gegen die Rechten kämpfen, weil sie Antifaschisten seien. Es ist aber eine reine Schutzfunktion und Kampfbegriff. Unter dem Vorwand gegen die Rechten zu kämpfen, die gemäß ihnen angeblich

---

16 Siehe etwa die Aussagen Leo Zuckermanns, in: Gen. Zuckermann, 10.11.1950 (Befragungsprotokoll der ZPKK), in: SAPMO-BArch, DY 30/IV 2/4/112, B1. 419 ff., zit. n. Illichmann, ebd. S. 91
17 Etwa in: Vernehmungsprotokoll des Häftlings Merker, Paul, 16.1.1953, in: BStU, 192/56, Bd. 2, B1. 52 f., zit. n. Illichmann ebd. S. 97
18 Bericht, 31.1.1953, in: BStU, 192/56, Bd. 3, B1 167, zit. n. Illichmann, ebd. S. 97

Neo-Nazis seien, nehmen sie sich heraus sich über jedes demokratische Grundrecht hinwegzusetzen. Heißt, sie hebeln die Demokratie aus. Da man mich aber auch, und zwar nur wegen des Tragens einer Israelfahne als Rechtspopulist bezeichnete, wird klar, das man versucht aus Juden etwa Nazis zu machen, um unter dem Banner von Recht und Freiheit Juden zu morden. Wie das funktioniert, werde ich in diesem Buch noch gleich erklären. Grundsätzlich aber sehen wir einige umgangssprachliche Metaphern bestätigt: Es ist kein Problem ein Rechtspopulist zu sein, denn der Populist (lat. Populus = Volk) ist der Volkssprecher, der die Ängste des Volkes ausdrückt, den Rechtsstaat zu verlieren, weil ihm Recht und Ordnung wichtig sind. Wohingegen die deutsche Linke stets versucht irgendein linkes Ding zu drehen.

Nach einem Verhör am 9. Februar zitiert der Stasi-Spitzel den Gefangenen Merker mit den Worten:
„Am Abend waren wieder
alle drei Halunken über
mich hergefallen und
haben auf mich eingeredet
… Man nennt mich einen
König der Juden, weil ich
einen Artikel in allen
Auslandszeitungen,
welcher für die Juden war,
geschrieben habe.“ [19]

Und an anderer Stelle berichtet „Erich" über Merkers Erzählung von einem Verhör:
„In sachlicher Form wurde
ich gefragt, ob ich
zionistischen

---

19 Bericht, 11.2.1953, in: BStU, 192/56, Bd. 3, B I 387, zit. n. Illichmann, ebd. S. 97 f

Organisationen angehöre,
man möchte gerne, dass
ich ein Jude bin. "[20]

Auch wenn die DDR also auf die unmittelbare Verfolgung von Juden verzichtete, zeigt der Umgang mit Paul Merker dennoch Bemerkenswertes. Der Antisemitismus war für die SED-Führung eine Option. Er blieb im Repertoire und wurde, wie jede andere politische Maßnahme, ins Kalkül gezogen. Aus taktischen Erwägungen kam es jedoch nicht zu einer direkten Umsetzung. Zugleich war, wie die Vernehmungen Paul Merkers zeigen, das ganze Repertoire antisemitischer Stereotypen bei den meist schlichten Fragestellern und Stasi-Spitzeln mit Händen zu greifen: Bilder wie *„Judenknecht", „Zionistenschwein"* oder *„König der Juden"* sind in einem Staat ohne Antisemitismus schwer denkbar und entsprechen erschreckend dem Vokabular der Nazis.

Dabei gab sich die SED so viel Mühe, aus Israel einen Nazistaat zu machen. Auf welch wackligen Beinen ihre Propaganda war, kam dann 1961 sehr klar zum Ausdruck, als nämlich auf einmal die propagierten Nazi-Juden Gericht hielten über Adolf Eichmann.

Die Merker-Affäre führt jedenfalls vor Augen, dass es mit einer echten Läuterung in der DDR nicht weit her und ein reines Lippenbekenntnis war. Wenn die Juden nicht unmittelbar verfolgt wurden, so verdanken sie dies nicht der neuen Gesinnung, sondern dem Zufall der Geschichte und der Berechnung der Machthaber, die aus der Verschonung der Juden einen größeren eigenen Vorteil zu ziehen suchten. Das Damoklesschwert über den Juden blieb jedoch. Die latente Bedrohung entkräftet ein weiteres Argument, welches zur „Ehrenrettung" der DDR gerne angeführt wird. Anders als in der Nazi-Zeit hätte es unter kommunistischen Vorzeichen keinen Zustand der

---

20 Bericht, 6.3.1953, in: BStU, 192/56, Bd. 3, B1 342, zit. n. Illichmann, ebd. S. 99

Unentrinnbarkeit gegeben; ein sicheres Leben sei, im Falle der Aufgabe des Judentums, stets möglich gewesen. Diese Theorie ist angesichts der Willkürherrschaft nicht aufrechtzuerhalten: Wie hätten sich Juden existenziell schützen sollen, wenn das Regime sogar dazu bereit war, aus Nichtjuden wie Merker eine Symbolfigur der Judenverfolgung zu machen? Im Gegenteil: Die Ereignisse nach der Veröffentlichung der *„Lehren aus dem Prozess gegen das Verschwörerzentrum Slánsky"* führten zu einer nachhaltigen Verunsicherung bei den Juden und zu einer breiten Fluchtwelle:

> *„… Nachdem am 14. Januar 1953 die 'Prawda', tags darauf das 'Neue Deutschland' eine erste Meldung über die Verhaftung jüdischer Ärzte in Moskau veröffentlichte, die als Agenten des JOINT, 'der internationalen jüdischen bürgerlich- nationalistischen Terrororganisation' angeblich bereits mehrere sowjetische Partei- und Staatsfunktionäre ermordet hätten und planten, auch Stalin umzubringen, wurde allen Juden in der DDR bewusst, wie gefährlich die Situation für sie war."*[21]

Die Russen setzten darin, wie zuvor in der Herkunft des linken Antisemitismus erwähnt, den Juden als Rechter mit dem verhassten Bürgertum gleich. Genau das hatte aber auch Goebbels getan. Wo also soll der Unterschied

---

21 Ulrike Offenberg, ebd. S. 84

21

zwischen Nationalsozialisten und Internationalsozialisten sein?

Den Unterschied darauf zu begrenzen, dass man das Konzept der Nation nicht heiligt, ist geradezu lächerlich[22]:

Kommunist Ernst Thälmann, er war Vorsitzender des Rote Frontkämpferbundes, der heutzutage zur Antifa wurde:

> *"Deutsch und Kommunistisch sind keine Gegensätze. Ich denke nicht daran, von meinen Grundsätzen auch nur einen Millimeter abzugehen. Kommunismus ist die Lehre, von der Befreiung der Arbeiterklasse. Die Befreiung der Arbeiterklasse ist aber die Befreiung des ganzen Volkes. Dafür mein ganzes Leben gekämpft zu haben, darauf bin ich stolz."*

Rede im Bundestag, für die KPD 1927:

> *"Wir Kommunisten lieben unser Volk und unser Land. Weil wir unser Volk und Land lieben, kämpfen wir für Rätedeutschland. Für ein freies und sozialistisches Deutschland. Wir bejahen*

---

22 Aus der Rede des jüdischen-amerikanischen Menschenrechtsaktivisten Samuel Inayat-Chisti am 1.6.2015 an die Gendemonstranten von Bärgida. Die Komplette Rede habe ich am Ende des Buches, im Anhang aufgenommen.

die nationale Frage."

Brief an die Kerkergenossen, 1944:

"Mein Volk, dem ich angehöre und das ich liebe, ist das deutsche Volk; und meine Nation, die ich mit großem Stolz verehre, ist die deutsche Nation. Eine ritterliche, stolze und harte Nation ... Ich bin Blut vom Blute und Fleisch vom Fleische der deutschen Arbeiter und bin deshalb als ihr revolutionäres Kind später ihr revolutionärer Führer geworden."

Ernesto Che Guevarra, 1964 bei der UNO:

"Dies alles meine Herrn Delegierten, dieser neue Wille des ganzen Kontinents, ganz Lateinamerikas, wird geformt und gebündelt durch den Ruf, den unsere Massen Tag für Tag als unumstößliche Entschlossenheit ihres Kampfeswillens verkünden. Eines Kampfeswillens, mit dem sie die hochgerüstete Hand des Feindes lahmlegen. Dieser Ruf findet das Verständnis und die Unterstützung aller Völker dieser Welt, und insbesondere des

23

sozialistischen Lagers unter Führung der Sowjetunion. Dieser Ruf lautet: Vaterland oder Tod!"

Mao Tse-Tung, Rotes Buch, Kapitel 18: "Kann ein Kommunist als Internationalist gleichzeitig auch ein Patriot sein? Wir sind der Meinung, dass er dies nicht nur kann, sondern auch muss! Wir sind Internationalisten, und wir sind auch Patrioten; unsere Lösung: Kampf zur Verteidigung des Vaterlandes gegen die Aggressoren! ... Der Sieg Chinas und die Zerschlagung der Imperialisten, die China überfallen haben, werden auch eine Hilfe für die Völker anderer Staaten sein. Deshalb ist der Patriotismus die Verwirklichung des Internationalismus im nationalen Befreiungskrieg. Ein Volk, dessen Revolution bereits gesiegt hat, muss den Völkern, die noch um ihre Befreiung kämpfen, Hilfe erweisen. Das ist unsere internationalistische Pflicht."

Rudi Dutschke, in der Zeitschrift Das Gesicht, Stuttgart 1976:

"Wenn die vom bösen Deutschen oder so etwas reden, und wir das noch mitspielen, dann sind wir natürlich erst recht in der Niederlage drin und werden nicht in der Lage sein, deutsche Verhältnisse und deutschen Sozialismus im Rahmen des internationalen Zusammenhang zu reflektieren. Auf der einen Seite gilt es, die nationale Besonderheit als solche zu reflektieren, und damit wieder Identität zu gewinnen. Schwer genug, in der Tat - ein gebrochenes Land - damit Identität zu gewinnen, national und sozial, extrem schwierige Angelegenheit. Aber auf der anderen Seite unerlässlich, um die Sozialismusfrage hier stellen zu können."

Bertold Brecht, seine alternative Landeshymde, 1.-4. Strophe:

"Anmut sparet nicht noch Mühe, Leidenschaft nicht noch Verstand, Dass ein gutes Deutschland blühe,

Wie ein andres gutes Land.
Dass die Völker nicht
erbleichen Wie vor einer
Räuberin Sondern ihre
Hände reichen Uns wie
anderen Völkern hin.
Und nicht über und nicht
unter andern Völkern woll'n
wir sein. Von der See bis
zu den Alpen. von der Oder
bis zum Rhein.
Und weil wir dies Land
verbessern Lieben und
beschirmen wir's Und das
liebste mag's uns scheinen
So wie andern Völkern
ihr's."

Hugo Chávez, aus seiner letzten Rede 2013:
"Heute, nach so vielen
Kämpfen, haben wir ein
Vaterland, dem wir uns
hingeben können. Vom
Grunde meines Herzens
rufe ich nochmals alle
Männer Venezuelas auf.
Denn wir sind
Revolutionäre, wir sind
Sozialisten, wir sind
Menschen. Wir sind so
manches, doch im tiefsten
Wesenskern sind wir
Patrioten. ... Patrioten
Venezuelas, gebt Acht!
Unsere Gegner, Feinde
des Landes, werden
niemals aufhören, Intrigen

*zu spinnen und versuchen,
uns zu teilen. Also, was
sollten wir ihnen
Antworten? Einheit, Einheit
und nochmals Einheit! Das
muss unser Motto sein.
Bolivar sagte häufig: Wir
müssen uns einigen, oder
Anarchie wird uns
verzehren. Uns fehlt es nur
an Einheit, um die Arbeit
unserer Generationen zu
vervollständigen."*

Friedrich Engels, an die irische Befreiungsbewegung:
*"Wenn eine fremde Macht
ein Volk ermahnt, die
eigene Nationalität zu
vergessen, so ist das kein
Ausfluss von
Internationalismus,
sondern dient nur dem
Zweck, die
Fremdherrschaft zu
verewigen."*

Die Grenzen zwischen Neonazi und Antifaschisten schmilzt also rapide dahin. Die Unterschiede liegen in der Marginalität. Wie kann etwas das so ähnlich ist, dass angebliche Gegenteil sein?

Die SED-Funktionäre wussten, dass sie in eine heikle Lage geraten könnten. Hermann Matern, der Leiter der Zentralen Partei Kontrolle Kommission (ZPKK), zur Strategie:

*„Der RIAS trommelt, dass
wir plötzlich Anti-Semiten
geworden sind, weil bei den*

Gaunern auch Juden sind.
Uns ist Religion und
Hautfarbe gleich, aber das,
was jetzt ist, ist eine
Klassenfrage und keine
Rassenfrage. Wir reden
auch nicht von Semiten,
sondern von 'Zionisten'. " [23]
Offenbergs Bewertung dieser Aussage ist treffend:
„Das kam eher einer
Legitimation der
antisemitischen Motive als
einem Dementi gleich. " [24]
Die Szene offenbart uns den tatsächlichen und
natürlichen Antisemitismus der Sozialisten, ebenso, dass
man vom Zionisten nur spricht, um den Vorwurf des
Antisemitismus zu entgegen zutreten und abstreiten zu
können.

Gerhard Löwenthal war ein Berliner Jude gewesen,
der anderen Juden im Dritten Reich die Flucht ermöglichte.
Er war einer der ersten Studenten gewesen, der die
Ostdeutsche Universität *Unter den Linden* besuchte.
Arbeitete aber nebenher für den RIAS. 1948 dokumentierte
er die Gleichschaltung der Universität und wie die Linken
dabei vorgehen. Die SED ließ ihm das Mikrophonkabel
durchschneiden, als er auf Sendung war und half deshalb
bei der Gründung der Freien Universität (West-) Berlin, im
gleichen Jahr. In Leipzig hielt er eine Rede gegen die
Gleichschaltung durch die SED, die in ganz Ostdeutschland
vollzogen wurde.
Das hatte zur Folge, dass der Delegierte der

---

23 Matern über die Aufgaben der Parteikontrollkommissionen nach dem
ZK-Beschluss über Lehren aus dem Prozess gegen das
Verschwörerzentrum Slánsky. SAPMO-BA, DY 30/IV 2/4/445, B1.
33, zit. n. Offenberg, ebd. S. 84 f.
24 Offenberg, ebd. S. 85

Humboldt-Universität der Tagesleitung die Botschaft übersandte: *„Ich würde Löwenthal herausstellen (Strafvollzug, Ostzone / Volksgerichtshof). Man muss Löwenthal angreifen"*. Er führte einen leidenschaftlichen Kampf gegen die Verklärung des Ulbricht- und Honecker-Regimes. *„Der Kerl muss weg"*, meinte später Stasi-Chef Mielke. Löwenthal lässt sich nicht beirren. „Hilferufe von drüben" hiess eine seiner Sendebestandteil. Er stellte Einzelschicksale von DDR-Häftlingen vor, erreicht jedes Jahr die Freilassung/den Freikauf von etwa 200 der vielen Tausend, die sich an ihn wenden. In Ost-Berlin wird er Staatsfeind Nr. 1. Immerhin 16 der 25 MfS-Aktenbände, die sich mit ihm beschäftigen, sind erhalten. Mann überlegte ihn mit einer Briefbombe zu töten.

Dabei handelte es sich um einen Mann, den der Magistrat von Groß-Berlin 1945 als *Opfer des Faschismus* anerkannt hatte, Sohn eines orthodoxen jüdischen Deutschen, dessen - bis auf den Vater - jüdische Verwandte sämtlich ermordet wurden. "Verhindert Lehrauftrag für Anti-Kommunisten Löwenthal (ZDF!!)". So sagten deutsche Linke es auf Plakaten an der Universität Mainz 1971. Er wurde geohrfeigt, mit Stühlen beworfen - und von Amtsrichtern kaum geschützt. *„Es ist rechtens, sich gegen Figuren wie Löwenthal zu wehren, auf die Mittel kommt es an"*, urteilte ein Darmstädter Richter, mit Nazi Hintergrund und verbündete sich so mit der deutschen Linken. Sein Haupteinwand: *„Wir haben viel zu oft, viel zu leicht, viel zu viel nachgegeben."* Der Westen habe im psychologischen Kampf des fortdauernden Kalten Krieges den Blick für die brutale Repression und Vernichtung von Lebenschancen auf der anderen Seite verloren. Daher müsse man *„wiederholen, wiederholen, wiederholen, dass in der DDR Menschen unwürdig behandelt werden, obwohl sogar eigene Redakteure über diese Konzentration auf bestimmte Themen stöhnen".* Auch die sozialliberale Bundesregierung stöhnt. Sozialdemokraten kommen nicht mehr in seine

Sendung - und können so hinterher noch leichter die "mangelnde Ausgewogenheit" rügen.

1968 hatte ihm der Fernsehrat die Leitung des „ZDF-Magazins" übertragen. Allerdings glaubten diese, das Löwenthal SPD freundlich berichten werde. "Unerbittlich werde sein Magazin nach schadhaften Stellen in unserer Demokratie fahnden und unabhängig, entschieden und furchtlos Stellung beziehen", so Gerhard Löwenthal. Doch Löwenthal sah diese schadhaften Stellen der Demokratie schließlich anderswo, als das seine früheren Verbündeten vermutet hatten. Löwenthal nannte rebellierende Studenten öffentlich *„marxistische Wirrköpfe, die einem neuen Totalitarismus (und Terrorismus) den Boden bereiten."* Er wurde bekämpft, oft sogar körperlich angegriffen. Scheinbar gab ihm das noch mehr Auftrieb, die „Deutsche Demokratische Republik" anzuprangern.

Gerhard Löwenthal wurde zum Anhänger von Franz-Josef Strauß. Ost-Berlin erklärt ihn zum Staatsfeind Nr. 1., was bedeutet, dass es zu realen Bedrohungen kam. Westliche Geheimdienste hielten zudem die Bedrohungslage Löwenthals durch RAF-Terroristen für sehr hoch. Er erhielt nach der Schleyer-Entführung bis 1987 Personenschutz.

Worin lag aber das Problem mit den Juden? Es war dasselbe wie im Dritten Reich. Der Sozialismus versteht sich als neue Weltschöpfung, in der *Neue Menschen* leben. Dazu ist eine Apokalypse notwendig. Hitler hatte da eine Steilvorlage hingelegt. Die SED und ihr *„real existierender Sozialismus"* sah sich als die Verwirklichung von Marx vorgaben. Wie Phönix entstand ein Neues Deutschland aus der Asche, deshalb der Glaube nur die BRD hätte etwas mit Nazi-Deutschland zu tun. Der Jude, aber auch der Christ, wurden da als Reste der alten und reaktionären Welt betrachtet. Sie folgten darin haargenau der Klassifizierung von Hitler und Goebbels: Das jüdisch-christliche Abendland

30

als solches hätte es ohne die Juden und Christen nicht gegeben. Genau das aber musste überwunden werden. Dem Juden wurde also ein reaktionäre Rolle zugedacht erklärt Christhard Hoffmann, der feststellt, *„dass das Judentum durchweg als Gegenbild oder Antithese zum eigenen Ideal und Selbstverständnis figurierte und – ungeachtet der jeweiligen inhaltlichen ›Füllung‹ des jüdischen bzw. des eigenen ›Wesens‹ – immer den negativen Pol bildete."*[25] Genau diese Einstellung lässt sich noch immer bei der Die Linkspartei feststellen, die genau den selben Thesen anhängt und nun alles wiederholen will, um den *„real existierenden Sozialismus"* zu schaffen. In dieser neuen Welt gibt es aber für Juden keinen Platz. Denn das Abendland soll als Kultur vernichtet werden, weil es jüdisch geprägt ist. Das heißt: Das Antisemitismus und Judenmord eine Forderung des Sozialismus sind. Genauso hatte es Hitler ja gesagt. Oder Karl Marx:

„Der Jude, der als ein besonderes Glied in der bürgerlichen Gesellschaft steht, ist nur die besondere Erscheinung von dem Judentum [also der »jüdischen« Stellung bzw. Funktion innerhalb] der bürgerlichen Gesellschaft. [...] Aus ihren eigenen Eingeweiden erzeugt die bürgerliche Gesellschaft fortwährend den Juden."[26]

Dass die Geschichte mit dem Tod Stalins eine Wendung nahm, kam den Juden in der DDR zu Hilfe. Der Preis war jedoch hoch. Die meisten jüdischen Gemeinden waren durch die Flucht nicht zuletzt der Vorstände, enorm geschwächt; den einzelnen Juden war die Unberechenbarkeit des Systems vor Augen geführt:

„Der Bericht eines
Beobachters des
Jüdischen Weltkongresses

---

25 Hoffmann, S. 20-38, hier unter demselben Titel veröffentlicht worden auch in: Benz (Hrsg.), S. 25-46, hier 25.
26 Marx, S. 227-255 (erster Teil) und 255-263 (zweiter Teil)

31

*in Berlin vom 27. Februar
1952, kommt zum Schluss:
Obwohl es nicht zutrifft,
dass rassische Gesetze in
der Sowjetischen Republik
erlassen wurden, wurde
mir bestätigt, dass 'streng
vertrauliche'
Rundschreiben an Partei-
und
Regierungsinstitutionen
gesandt wurden mit der
Aufforderung, die Namen
von Juden und gemischter
Herkunft, die in politischen
und administrativen
Organisationen aktiv sind,
bekanntzugeben.*"[27]

Dies kommt den Nazirassengesetzen defacto sehr
nahe. Nicht nur bekennende Zionisten, nein die jüdische
Herkunft war entscheidend. Feind war noch nicht mal die
jüdische Religion, nein, es war von Bedeutung
Abstammungsjude zu sein. Selbst Mischlinge wurden
registriert.

Welche Gefühle solche Methoden bei den Juden in
der DDR auslösen mussten, liegt auf der Hand, war doch
klar:

„*Die Juden, als Juden,
werden zumindest der
Illoyalität verdächtigt; sie
gelten als Sicherheitsrisiko,
mit all den Konsequenzen,
die sich aus solch einer
Klassifizierung in einem
totalitären System*

27 Beigel, S. 17

32

ergeben. "[28]

In den Medien kam es zu *„Säuberungen"*, die vielleicht nicht spektakulär, deswegen jedoch nicht minder brutal erfolgten:

> *„Prominente jüdische Opfer*
> *dieser Kampagne waren*
> *der Chefredakteur des*
> *Neuen Deutschlands, Lex*
> *Ende, und der*
> *Chefredakteur des*
> *Deutschlandsenders,*
> *Bruno Goldhammer ...*
> *Erich Jungmann, wie*
> *Merker während der Zeit*
> *des Nationalsozialismus im*
> *mexikanischen Exil und*
> *dann Mitglied des*
> *Zentralkomitees der SED,*
> *wurde im März 1953 aller*
> *seiner Funktionen – er war*
> *Herausgeber der Berliner*
> *Zeitung und der Geraer*
> *Volkswacht – enthoben."* [29]

So hatte die Entwicklung die Hardliner gestärkt; die Juden in exponierter Stellung waren jedenfalls beschädigt worden. Auch Albert Norden und Hermann Axen bekamen die Folgen zu spüren. Axen wurde aus dem Sekretariat des Zentralkomitees der SED ausgeschlossen, Norden verlor seine Funktion als Leiter der Presseabteilung des Amtes für Information der DDR-Regierung.

Der Schriftsteller und Literaturhistoriker Alfred Kantorowicz kommentierte sehr treffend, am 30. November 1952 in seinem Tagebuch die Berichterstattung über den Slánsky-Prozess im Neuen Deutschland:

---

28 Beigel, S. 19
29 Vgl. Angaben bei Thompson, S. 126, zit. n. Timm , 1993, S. 158 f.

„Das ist die Sprache
Streichers, die Gesinnung
Himmlers, die Atmosphäre
der Gestapoverhöre und
der Volksgerichtshof-
Verhandlungen unter
Freislers Vorsitz, der 'Moral'
der Menschenschlächter
von Dachau und
Buchenwald, der Vergaser
von Auschwitz und
Maidanek. Hitler, du hast
Schule gemacht – nicht nur
im Westen ... , sondern
auch im Osten."

Diese Erkenntnis ist sehr interessant, da der Abstammungsjude Kantorowicz vor 1933 selbst erschreckende Ansichten zur Judenfrage vertrat (wie ich später zeigen werde), offenbar hatte er seine Lehren aus der Zeit des Dritten Reiches gezogen. Leider geschah dieser Sinneswandel nicht mit vielen.

Dies ist auch auf die Tatsache zurückzuführen, dass sich die DDR trotz einer nach außen sorgfältigen erscheinenden Entnazifizierung tatsächlich in vielen Bereichen noch der Tätergeneration aus dem Dritten Reich bediente. Darüber können auch die antifaschistischen Kampfparolen und die immer wieder an den Tag gelegte *„Moral des Abscheus"* gegenüber antisemitischen Auswüchsen in der BRD nicht hinwegtäuschen. All das war nur Propaganda gegen die BRD. Es war buchstäblich so, dass der Sozialist sich als Antifaschist feiern ließ, aber Juden aus der Hierarchie und Medien verbannte und dort Altnazis implantierte.

Antisemitische Aktionen in der BRD waren sehr wohl

erwünscht, um die BRD in Misskredit zu bringen. Und sich selbst natürlich zu feiern und seine eigenen verbrecherischen Machenschaften zu vertuschen.

Die Stasi förderte Neonazis, um die BRD als Nazistaat dastehen zulassen. Die Linken der BRD bedienten sich dessen und erregten sich in einem kultischen Kampf gegen Neonazis, in einer von Nazistrukturen durchzogenen kapitalistischen Gesellschaft. Was letztlich zur fixen Idee wurde. Dabei wurde auch dieser *„Kampf gegen Rechts"* in der BRD durch selbige Stasi gegründet und finanziert, die in der DDR die Juden jagte. Und die Überreste dieser Manipulierer, als Linkspartei, versuchen immer noch den Staat Israel zu Nazis zu deklarieren.

Jede sozialistische Aktion wurde vom *Kampf gegen Rechts* gerechtfertigt. Tatsächlich ging es jedoch um die Zerstörung des Bürgertums. Nahm groteske Züge an, führte von Rudi Dutschke getragen, bis zur Gründung der Terroristen wie *Rote Zora* und *RAF*, die selbst sehr antisemitisch waren. (Das werde ich hier noch erklären.)

Die Stasi mit linken Zellen in der BRD unterhielt auch Beziehungen zu den Neonazis von Peine, die ein rechtsradikales Attentat auf Dutschke inszenierte. Dass der BND ebenfalls die Gruppe beobachtete, ändert nichts daran, dass die Drahtzieher des Anschlages in der DDR saßen.

Im Jahre 1988 erzählt Isaac Neumann, der ein halbes Jahr lang Rabbiner der jüdischen Gemeinde in der DDR war, das er sehr besorgt sei, da die sozialistische Regierung den Antisemitismus *„nicht entwurzelt"* hätte.[30]

Ein Beispiel ist der Berliner Rundfunk, in der Masurenallee, der schon in der Nazi-Zeit existierte und von der DDR übernommen wurde. Der Neuanfang bestand aus sechs ausgewählten Deutschen, einem Major der Besatzer

---

30 AP-Meldung vom 3.5.1988

und den 600 Angestellten, die dort schon für die Nazis arbeiteten. Neben den tatsächlich durchgeführten Entnazifizierungen, wurde ein ungleich größerer Teil einfach reintegriert. Für wen das zutraf, entschied die unfassbare Richtlinie, von, wer sich besonders in der Produktion verdient gemacht hat.[31] Heißt also die aktivsten Nazis wurden reintegriert, in dieselben, oder ähnliche Positionen, in denen sie während des Dritten Reiches arbeiteten. Die verbliebene Gesinnung schien kein Hindernis für den sozialistischen Staat. In vielen gesellschaftlichen Milieus lassen sich daher bemerkenswerte Kontinuität erkennen. Dies gilt ganz besonders und erschreckenderweise zum Beispiel für die Staatssicherheit:

> *„Ehemalige Gestapo-Informanten, welche bereit waren sich als Informanten für den neuen Ostdeutschen Staatssicherheitsdienst (Stasi) zu betätigen, wurden großzügig belohnt.“[32]*

Für das Medienwesen machte Simon Wiesenthal in einer Pressekonferenz am 6. September 1968 in Wien erstmals auf den Umstand aufmerksam, dass es sich nicht um bedauerliche Einzelfälle, sondern eine politisch gewollte Tendenz handele.

Wiesenthal diagnostizierte, dass die Sprache der DDR-Propagandisten erheblich aggressiver sei als jene des Journalisten in anderen Ländern des Ostblocks.[33]

Anlass für die Untersuchung des

---

31 Vgl. dazu Kappelt, ebd. S. 321 ff.
32 Fulbrook, S. 56
33 Simon Wiesenthal auf einer Pressekonferenz am 6. September 1968 in Wien, in: Wiesenthal S. 5-6

„Dokumentationszentrums des Bundes jüdischer Verfolgter des Naziregimes" war die Berichterstattung über den Sechs-Tage-Krieg gewesen. Dabei schränkte Wiesenthal die Bedeutung der Presse in kommunistischen Ländern zwar grundsätzlich ein:

> *„Wir müssen verstehen, dass die Presse und Propaganda in einem totalitären Staat eine besondere Rolle spielt. Sie wirkt nicht meinungsbildend oder willensbildend unter der Bevölkerung, sondern vermittelt Befehle von oben, um richtungsweisend zu sein, denn es gibt keine öffentliche Meinung, nur, die eben von oben kommt …"[34]*

Allerdings:

> *„Diese Überlegungen erklärten aber noch nicht den großen Unterschied zwischen dem Ton in der DDR und den übrigen Ostblockstaaten; der Verwandtschaftsgrad zum Nationalsozialismus musste im Pressewesen ein höherer sein. Ein kleines Experiment bei der Analyse der Texte führte zu einem verblüffendem Ergebnis: Wenn man in*

---

34 Wiesenthal, S. 6

den Kommentaren der
DDR-Blätter das Wort
'Israeli' durch 'Jude' sowie
'fortschrittliche Kräfte'
durch 'Nationalsozialismus'
ersetzte, glaubte man
plötzlich eine Vorlage aus
Goebbels'
Propagandaministerium vor
sich zu haben. Die
Ähnlichkeit der Gedanken
und Begriffe ergab sich
aber auch, wenn man den
umgekehrten Weg ging
und probeweise Artikel aus
der NS-Zeit mit Vokabeln
aus dem DDR-Wortschatz
ausstattete."[35]

Wiesenthal sieht die Ursache für dieses Phänomen in einer über weite Strecken nachzuprüfenden Identität der Täter, wobei er auf die Schwierigkeit der Recherche hinweist, *„da sich unsere Untersuchungen gegen fest im Sattel sitzende Funktionäre des Propagandaapparats, gegen anerkannte Autoren und Redakteure in leitender Stellung richteten ... Das Ergebnis hat alle Erwartungen – oder Befürchtungen – übertroffen."*[36]

Wiesenthal sprach von 39 Fällen als Beispiel, in welchen nach den Recherchen seines Dokumentationszentrums ehemalige hochrangige Nationalsozialisten mehr oder weniger übergangslos in den Propagandaapparat der DDR übergewechselt hatten:

„Da gibt es ehemalige
Parteigenossen, SS-
Männer, SA-Führer,

---

35 Wiesenthal, ebd. S. 15
36 Wiesenthal, ebd. S. 16

Vertrauensleute der Gestapo, Angehörige von Propagandakompanien, Mitarbeiter des NS-Rundfunks, des 'Völkischen Beobachters', des 'Schwarzen Korps'', Beamte des Propagandaministeriums, Mitglieder des SS-Rasse- und Siedlungs-Hauptamts, Angehörige der berüchtigten 'Legion Condor'. Sie tragen heute Orden der DDR, bekleiden in vielen Fällen die Stellung eines stellvertretenden Chefredakteurs (der wenige Repräsentationspflichten zu erfüllen hat), bilden in einigen Blättern – wie in der Redaktion des 'Neuen Deutschland' und der 'Deutschen Außenpolitik' – eigene Nazi-Cliquen."[37]

In den folgenden Wochen enttarnte Wiesenthal weitere 244 ehemalige nationalsozialistische Parteimitglieder in der Hierarchie der DDR.

Wiesenthals Untersuchung ist eine Momentaufnahme. Aber sie erfolgte zu einem Zeitpunkt (1968), als die DDR in ihrer Blüte stand. Für die Frage, inwieweit antisemitisches Gedankengut für die Berichterstattung von Relevanz gewesen sein könnte, sind einzelne Biografien höchst aufschlussreich. So diente unter dem ehemaligen NSDAP-Mitglied Karl Blecha, dem Pressechef der DDR-Regierung,

---

37 Pick, S. 213

Hans Walter Aust, als Chefredakteur des DDR-Organs *Deutsche Außenpolitik*. Aust hatte unter anderem für das SS-Organ *Schwarzes Korps* gearbeitet. Dr. Richard Arnold, Chefredakteur des NDP-Blattes *Der nationale Demokrat* hatte in seinem für die Personalakte der NSDAP verfassten Lebenslauf geschrieben, er sei *„zuständig für die vollständige Entjudung des deutschen Geisteslebens. Diese Entjudung ist nicht nur personell durchzuführen – durch Beseitigung aller Juden und Judenknechte aus Wissenschaft, Erziehung und Volksbildung. Es geht um die Tilgung jeglicher Spur Judengeistes aus der deutschen Kultur."*

Der nationale Demokrat hätte also ebenso gut *Der nationale Sozialist* heißen können. Und erklärt, dass wir uns nicht darauf versteifen sollten, die Unterschiede in Namen zu suchen, wenn doch die Wesensmerkmale identisch sind. Die Wortwahl *Judenknechte* ist interessant. Sie stammt aus der NS-Zeit, wurde aber von der Stasi gegen Paul Merker verwendet.

Die Bücher von Kurt Hertwart Balls, Mitarbeiter des Propagandaamtes der DDR, waren vom Reichssender Leipzig 1936 als *„Kampfschriften des nordischen Geistes"* empfohlen worden. Ball wirkte außerdem von 1932 bis 1935 als Hauptschriftleiter der antisemitischen Zeitschrift *Hammer*.[38]

Johannes Caspar, Redakteur der *Mitteldeutschen Neuesten Nachrichten*, hatte im *Waldheimer Tagblatt* die Nürnberger Rassengesetze als *„notwendiges chirurgisches Heilverfahren"* bezeichnet.

Horst Dreßler-Andreß, Regisseur, Oberspielleiter und Mitarbeiter des *Agitprop*[39], war Präsident der NS-

---

38 Ehemalige Nationalsozialisten in Pankows Diensten, 5. ergänzte Ausgabe, Berlin 1965, S. 12, zit. n. Kappelt, ebd. S. 89
39 Kunstwort aus den Wörtern Agitation und Propaganda. Bezeichnet einen zentralen Begriff der kommunistischen politischen Werbung beginnend mit Lenin.

Reichsrundfunkkammer gewesen und galt als solcher Begründer der gesamten NS-Rundfunkpolitik.

Lieselotte Otting, im Zentralvorstand der LDP verantwortlich für das Referat Kultur und Publizistik, war in der NS-Zeit Förderungsmitglied des berüchtigten Lebensborn e.V. gewesen, einer Einrichtung, die nach Himmlers Definition der *„Förderung des rassebewussten Geschlechtsverkehrs der SS und zur Aufnordung des deutschen Volkes"* diente.

Reimund Schnabel, Redakteur der *Neuen Zeit* und Mitarbeiter des Deutschland-Senders war 1938 vom Reichsjugendführer belobigt worden, weil er *„in vier Fällen jüdische Elemente, die sich in die HJ-Führerschaft eingeschlichen hatten, entlarvte und pflichtgemäß der Bestrafung zuführte."*

Heinz Thiel, Redakteur der SED-Zeitung *Freiheit*, hatte 1940 in einem Bericht über eine Säuberungsaktion gegen sowjetische Heckenschützen geschrieben, *„es sei ein Symbol, wie die asiatischen Untermenschen von den Tigern unserer tapferen Waffen-SS wie Wanzen zerquetscht werden."*

Max Hartwig wurde nach dem Krieg persönlicher Referent des Vorsitzenden der Ost-CDU, Otto Nuschke. In seinen Aufgabenkreis fiel die Publikationspolitik der Partei. Er hatte der SS angehört. 1939 arbeitete er in der Kommandantur des KZ Oranienburg, später in Buchenwald. Der berüchtigte SS-Obergruppenführer Theodor Eicke übernahm Hartwig in die Totenkopf-Division.

Ein besonders bemerkenswerter Fall ist Dr. Karl-Heinz Gerstner. Er war einer der Stars der DDR-Medienwelt: Seine Tätigkeit als Chefreporter bei der *Berliner Zeitung*, eine sonntägliche Wirtschaftsbetrachtung im Radio und schließlich die TV-Sendung *Prisma* verhalfen Gerstner zu landesweiter Bekanntheit. Simon Wiesenthal nennt ihn einen:

*„Günstling von
Kriegsverbrechern zu
zwanzig Jahren Gefängnis
verurteilte Otto Albertz und
führt an, dass er für die
Wehrmacht eine Broschüre
mit dem Titel Verniggertes
Frankreich verfasst hat."*

Als Gerster 1999 unter dem Titel *Sachlich, kritisch,
optimistisch* seine Memoiren herausbrachte, schien er
schon zu ahnen, dass es Diskussionen geben könnte.
Jedenfalls fällt bei seinem Buch auf, dass er über weite
Strecken in großer Selbstgefälligkeit seine Märtyrerrolle
während des Krieges betont.[40]

Götz Aly, der das Buch rezensierte, ging mit Gerstner
hart ins Gericht:

*„Seinen Eintritt in die
NSDAP am 1. Mai 1933 will
er nur aus 'Hass gegen
Hitler' vollzogen haben, 'um
etwas gegen die Nazis' zu
tun. In den
zeitgenössischen
Dokumenten des
Auswärtigen Amts liest sich
das anders. Zum Beispiel
meldete Gerstner 1942
seinem Chef: 'Eine sehr
erfreuliche Erscheinung ist
der junge rumänische
Wirtschaftsjournalist
Matresco, der von den
nationalsozialistischen
Wirtschaftsauffassungen
und der deutschen Mission*

---

40 Gerstner

*in Europa überzeugt ist. Im
Übrigen ziehen wir
Matresco näher an die
Botschaft heran.' Im
Spätsommer 1944, als
Frankreich schon halb
befreit war, regte Gerstner
an: 'Die
Widerstandsbewegung ist
gegen die alten politischen
Routiniers aufzuhetzen. Die
radikalen wirtschaftlichen
und politischen
Erwartungen der
Widerstandsbewegung sind
gegen die von den
Engländern und
Amerikanern unterstützte
kapitalistische Reaktion
auszuspielen und
umgekehrt.'"[41]*

Simon Wiesenthal hatte den Verdacht geäußert,
Gerstner habe sich als Agent Provokateur betätigt.[42] Aly
sieht Gerstners Verhalten in Paris aber eindeutig:

„*... Wenig
widerstandsfreundlich hatte
sich er (Gerstner) am 27.
November 1941 in Paris um
14 Uhr verhalten: Auf einem
markierten
Fußgängerübergang
herrschte lebhafter*

---

41 Götz Aly, Kritisch, optimistisch, verlogen, in: Berliner Zeitung,
   26.2.2000
42 Wiesenthal, ebd. S. 29, unter Berufung auf die Widerstandsgruppen
   Pierre Reval und Jacques Robinet.

Passantenverkehr.
Gerstner hielt mit seinem
Dienstwagen angeblich
vorschriftsmäßig an, um,
'als die Fußgänger nicht zur
Seite gingen, mehrmals zu
hupen'. Weiter heißt es in
dem Bericht: 'Ein Franzose,
der sich hierüber offenbar
ärgerte, trat daraufhin mit
seinem Stiefel heftig an den
Kühlerschutz des haltenden
Wagens' und versuchte
dann, in der Menge zu
verschwinden. Aber
Gerstner setzte ihm nach,
nahm ihn fest und ließ den
'Täter' (Herrn Aubrie, Carte
d Identité No 129 6219,
Serie B) durch die
Deutsche Botschaft dem
Wehrmachtskommandante
n von Groß-Paris melden,
mit der 'Bitte um
entsprechende
Veranlassung' zwecks
Ahnung dieser 'eindeutig
deutsch-feindlichen
Kundgebung'."[43]

Außerdem belegt Aly Gerstners Tätigkeit Spitzel-Tätigkeit für die Staatssicherheit als Informeller Mitarbeiter mit Feindberührung, wofür Gerstner ein Zusatzgehalt bezogen haben soll.

Einer der dominanten Begriffe der DDR-

---

43 Aly, ebd.: Berliner Zeitung, 26.2.2000

Propagandasprache war jener des Zionismus bzw. Antizionismus. Wir finden den Begriff im Jargon der gegenwärtigen heutigen Linken, und bei dem was man intellektuelle Muslime bezeichnet, die Wind gegen Israel in Deutschland machen wollen. Der Begriff wurde meist als Gegenstück zum Antisemitismus verwendet. Dies ermöglichte das moralische Wohlbefinden, weil immer darauf verwiesen werden konnte, dass man sich ja explizit gegen den Antisemitismus ausgesprochen hatte. Diejenigen, die gegen die Zionisten wetterten, waren ebenso „politisch korrekt" wie die Zuhörer oder Leser. Also ein politisch korrekter Antisemit.

Für sich betrachtet, wohnt der Idee eine gewisse Logik inne; erschließt es sich doch dem gesunden Menschenverstand sehr leicht, dass es gute und böse Juden gibt. Wenn nicht bräuchte Israel keine Polizei. Mit der Rede von den Zionisten waren immer zugleich die guten Juden ausgenommen. So wurde suggeriert, dass es niemals ein rassistischer Ansatz war, sondern eine wissenschaftlich-objektive Analyse, deren Parameter unstreitig vom sozialistischen Erklärungsmodell rührten. Dies sei im Interesse der Verbesserung der Welt nicht nur zulässig, sondern gefordert. Der Zuhörer dieser Linken Propaganda fühlt sich also intellektuell und gut informiert.

Wie sehr jedoch unter dem Stichwort Zionismus Stereotypen konserviert wurden, die als antisemitisch zu qualifizieren sind, belegt die exemplarische Analyse zweier Texte: In der Diskussion mit dem Leser erläutert der stellvertretende Chefredakteur der *Neuen Zeit*, worum es geht.[44] Ein Leser Jean Pierre Jolly aus Paris stellt die Frage:

> *„In Ihrer Zeitschrift wie in*
> *anderen sowjetischen*
> *Presseorganen stößt man*

---

44 Vitali Tschernjawski, Diskussion mit dem Leser, Neue Zeit (Moskau), deutsche Ausgabe, Nr. 37/Sept. 1977

oft auf Artikel, die den
Zionismus und die
Zionisten scharf kritisieren.
Aber ist das richtig?
Können doch Attacken
gegen den Zionismus
objektiv dazu beitragen,
dass der Antisemitismus
auflodert."[45]

In der Antwort wird der Antisemitismus als Werk der Juden dargestellt. Ich muss wohl nicht darauf verweisen, das Neonazis das gleiche tun. Es wird in der Erklärung behauptet,

„dass der Antisemitismus
für die Zionisten von Vorteil
ist … In Wirklichkeit, so
paradox das auch zuerst
scheinen mag, können sich
gerade die Zionisten eine
Verwirklichung ihrer Pläne
ohne den Antisemitismus
nicht vorstellen. Nicht von
ungefähr lehrte einer der
Begründer des Zionismus
schon Ende des 19.
Jahrhunderts: ' … Der
Antisemitismus als starke
und eher unterbewusste
Macht wird den Juden nicht
schaden. Ich halte ihn für
eine Bewegung, die der
jüdischen Individualität
nützlich ist.' Ein anderer
Führer des Zionismus, Ben
Gurion, viele Jahre

---

45 Tschernjawski, ebd.

> *israelischer*
> *Regierungschef, sagte, das*
> *beste Mittel, die Juden im*
> *Ausland zur Emigration*
> *nach Israel zu veranlassen,*
> *sei es, die schlimmsten*
> *Formen des Antisemitismus*
> *zu verbreiten …*
> *Unwiderlegbare Beweise*
> *wurden publik, dass gerade*
> *Agenten zionistischer*
> *Geheimdienste Synagogen*
> *anzündeten."*[46]

In der *Jungen Welt* werden weitere Facetten geliefert. Auch hier handelt es sich um einen Artikel in didaktischer Form. Ein Leser Gert Schuchard, diesmal kein Internationalist, sondern einer aus Brandenburg, fragt: *„Was verstehen wir unter zionistischer Lobby?"*[47] Die Antwort des Redakteurs erweitert die Definition der grundsätzlich perversen Juden, die ihre Verfolgung selbst inszenieren, um die Dimension des kapitalistischen Ausbeuters:

> *„Maßgebliche Kreise der*
> *jüdischen Bourgeoisie und*
> *Großbourgeoisie machten*
> *sich diese zionistische Idee*
> *zu eigen. Doch nur wenige*
> *ihrer Angehörigen waren*
> *bereit, Bürger des*
> *gewünschten Staates zu*
> *werden. Sie setzten sich in*
> *ihren Heimatländern für*

---

46 Tschernjawski, ebd.
47 Martin Robbe, Was versteht man unter zionistischer Lobby?, in: Junge Welt, 27.2.1975

*seine Gründung bzw.
Unterstützung ein. Dadurch
wollten sie ihre Position im
internationalen
Konkurrenzkampf stärken
... Der Begriff 'Lobby' ist
hier dem Sprachgebrauch
des bürgerlichen
Parlamentarismus entlehnt
... wo er Einflussnahme
außerparlamentarischer...
Interessengruppen auf das
Parlament meint ... Die
zionistische Lobby ist in
den USA besonders stark.
Dort leben etwa 6 Millionen
Juden, also doppelt soviel
wie in Israel. Sie sind in
einigen Bundesstaaten
konzentriert ... Das erlaubt
es dem ... Zionismus, die
Anhänger ... wirksam zu
mobilisieren. Zugleich
stehen finanzkräftige
Kreise hinter ihm ... Der
Einfluss der zionistischen
Lobby in imperialistischen
Staaten – insbesondere in
den USA – ist noch groß."*

Die Juden werden in diesen Beschreibungen als
besonders heimtückisch beschrieben. Sie zünden ihre
eigenen Synagogen an, sie selbst schüren den
Antisemitismus. Sie bilden die Weltverschwörung der
Hochfinanz und sind zugleich zu feige, selbst nach Israel zu
gehen. Sie saugen das Volk aus, um ihre Machenschaften
zu finanzieren. Sie sind außerhalb des Volkes, weil sie nicht

im Parlament, sondern in einer dubiosen Lobby agieren, dunkle anonyme Gestalten also, derer habhaft zu werden schwer ist. Mit anderen Worten, jedes Vorgehen gegen Juden rechtfertigt sich dadurch, das diese es ja selbst so wollen. Sogar ein Präsident der USA wird als Zeuge bemüht: *„'Noch nie ist auf das Weiße Haus so heftiger Druck ausgeübt worden', stellte der damalige Präsident Truman rückschauend fest."*

Gegenwärtig sind es auch die deutschen Linken im Verbund mit Neonazis, die israelische Zionisten oder Mossad beschuldigten, die wahren Urheber der IS zu sein. Das alles habe nämlich nichts mit dem Islam zu tun, sondern ist eine jüdische Verschwörung. Es ist als habe Goebbels die linke Polemik geschrieben.

Damit wird gesagt, dass die Juden sogar schlimmer sind als die amerikanischen Imperialisten, zu denen der Präsident der Vereinigten Staaten in der sozialistischen Lesart ohne Fragen an führender Stelle zählte; was müssen also das für Juden sein, wenn nicht einmal der mächtigste Feind des Kommunismus mit ihnen fertig wird? Schließlich geht es um viel:

> *„Mit Hilfe des großen*
> *Netzes seiner*
> *Organisationen in*
> *verschiedenen Ländern um*
> *mit finanzieller*
> *Unterstützung des*
> *Monopolkapitals wirkt der*
> *Zionismus heute als*
> *direktes Werkzeug des*
> *Imperialismus und der*
> *gesamten internationalen*
> *Reaktion in deren globalem*
> *Kampf gegen die Kräfte*
> *des Friedens, der*
> *Demokratie und des*

49

Sozialismus."[48]

Besonders heftige Definitionen folgten:

> *„Unter Zionismus verstehen wir heute die chauvinistische Ideologie und reaktionäre Praxis der jüdischen Großbourgeoisie, ihrer Finanz-Industrie-Oligarchie mit ihren Machtzentren in den USA, in Westeuropa und in Israel … Der zionistische 'Philosoph' (Anführungszeichen sic!) Buber schuf die rassistische 'Bluttheorie' nach der alle Juden der Welt aufgrund ihrer angeblich 'rassischen Bestimmung' als 'auserwählt' zu gelten hätten, was in der Praxis bedeutet, dass Juden unter allen Völkern der Welt – gemäß göttlicher Vorsehung – eine Vormachtstellung einnehmen müssten."[49]*

...und werden im Nachsatz *„Es muss jedoch betont werden, dass nicht alle Juden zugleich auch Zionisten sind."* wieder eingeschränkt.

Gerade diese Relativierung hat es in sich: *„Nicht alle"* bedeutet im Kontext eindeutig, dass die Mehrheit der Juden

---

48 Ashour, S. 428
49 J.C., Vormachtstreben – auch mit der „eisernen Faust", in: Ostseezeitung, 9.1.1985

die internationalen Blutsauger sind; *"zugleich"* muss wohl so gelesen werden, dass es eine Veranlagung des Juden zum Zionisten und also zum weltweiten Ausbeuter gibt.

Natürlich bedienen sich die Zionisten aller denkbar schlechten Methoden gemäß der Intellektuellen Aufklärung der fortschrittlichen linken Kräfte: "Hetze der Zionisten entlarvt", (in: *Neues Deutschland*, 21.2.1971) "Zionisten säen Völkerzwist", (in: *Neues Deutschland*, 25.2.1971) "Zionistische Schläger und Mafia-Gangster", (in: *Berliner Zeitung*, 10.11.1972) "Es begann mit einem Lynchmord", (in: *horizont*, 18. April 1971) "Die zionistischen Hexenköche", (in: *Unsere Zeit*, 20.2.1971) "Sie drillen eine neue Herrenrasse", (in: *Presse der Sowjetunion*, Hefte 45, 17.2.1971) "Hintermänner des Zionismus: Gangsterbosse und Börsenmagnaten", (in: *Presse der Sowjetunion*, Hefte 45, 1.2.1971) natürlich wird diese Art der "Berichterstattung" verteidigt: "Untaugliche Versuche, Antizionismus als Antisemitismus zu diffamieren", (in: *Die Wahrheit*, 1.3.1984) natürlich werden Juden herangezogen (So etwa in *Die Wahrheit*, am 9.12.1975: *"Wie ist das mit dem jüdischen Problem?"*) in dem Beitrag schreibt eine anonyme Jüdin, eine angebliche *"Leserin unserer Zeitung"*:

"Wie wesensnah der Zionismus dem Rassismus und Faschismus ist, beweist, dass der Staat Israel zu Südafrika und zu Chile beste Beziehungen unterhält." und jüdische Kommunisten (*"Kampf des Zionismus ist Klassenkampf"*[50]) oder verlässliche Vorzeige-Juden, als Zeugen für die gute Sache bemüht.

Selbst Jahre nach dem Fall der Mauer treten solche immer noch auf. Sie alle können jedoch, schon rein quantitativ, den Eindruck nicht verwischen, dass unter einem neuen "Fachbegriff" altbekannte Feindbilder verwendet wurden. Die Selbstdarstellung der DDR als völlig

---

50 Meier Vilner, Chef der israelischen KP, in: Probleme des Friedens und des Sozialismus, 1/76, S. 61 ff.

neue, von der deutschen Geschichte losgelöste Einheit, führte in mehrerer Hinsicht in die Irre: Trotz der ideologisch motivierten Entnazifizierung war es für viele NS-„gelernte" Antisemiten möglich, in der DDR wieder tätig zu werden. Bipolares Wesensmerkmal der rote Faden in all der linken Bewegung. Sie schrieben, analysierten und kommentierten für eine Publikum, welches durch die nationalsozialistische Schule des Hasses gegangen waren. Für die Politik, die den Medien übergeordnet war und unmittelbar steuernd tätig wurde, gilt Ähnliches. Antisemitische Denkmuster aus marxistischer Tradition und Lehre kamen in der DDR zum Tragen, indem vor allem das Bild des *„unrechtmäßig reichen Juden"* neu interpretiert wurde.

Das Zerrbild ist bei den frühen Sozialisten des 19. Jahrhunderts begründet und wird durch die verkürzte Faschismus-Definition von Dimitroff dekretiert, weil diese die Unterordnung der Juden unter den Begriff des Finanzkapitals ermöglicht. Im Kontext mit dem kapitalistischen Imperialismus bedroht das Judentum, in Gestalt des Zionismus den Deutschen unmittelbar und aggressiv.

Der Jude ist außerdem – so erweiterte die DDR-Berichterstattung die Darstellung – bösartig und pervers, er schreckt vor nichts zurück. Er zündet seine eigenen Synagogen an, um seine Feinde zu diskreditieren. In Israel hat sich die Bösartigkeit des Juden sogar soweit entwickelt, dass es keine Unterschiede mehr zwischen den Nationalsozialisten und den Juden gibt. Der Jude saugt Deutschland aus, indem er von der BRD Wiedergutmachung kassiert, um dieses Geld für Waffen zu verwenden, mit denen er dann seine Feinde heimtückisch töten kann und dies auch mit unangemessener Brutalität tut. Das Opfer Palästina bot sich dafür hervorragend an. Die Geschichte ist damit an ihren Anfang zurückgekehrt.

Über die Verwendung zahlreicher bekannter Stereotypen hinaus kann sich der Deutsche der DDR sogar als entlastet sehen, was seine Vergangenheit anbelangt. Schließlich hat man es, wie die Lage im Nahen Osten zeigt, mit einem Feind zu tun, der sich selbst der nationalsozialistischen Methoden bedient. Daran ändert auch die militante Anti-Faschismus-Maschinerie nichts, die in der DDR unablässig wirksam war. In ihrer hölzernen Abstraktheit, ihn ihrem hohlen Pathos und nicht zuletzt aufgrund der maßlosen Überzogenheit hat die Propaganda in dieser Hinsicht versagt. Der diskrete Unterton, der den Juden verteufelte, war wirkungsvoller als die bombastischen Moralpredigten gegen den Antisemitismus.

Das Thema ist aber nicht untergegangen, weil die DDR unterging. Im Gegenteil, dieselben linken Schmierenfinken von einst, vergiften immer noch die deutsche Medienwelt, verstärkt durch eine neue Generation von Mentalterroristen aus der Schule der 68er, eine Bewegung, die eben auch nicht so sehr vom Antisemitismus befreit war, wie sie vorgab.

Deutsche, wie europäische Medien stellen nach jedem muslimischen Anschlag auf europäische Juden gerne heraus, dass die armen Straftäter bei *„Juden"* und *„Israelis"* einfach durcheinander kommen.

Was die Medien zu erwähnen vergessen ist, dass sie selbst diesen Punkt nicht ganz verstanden haben. Fakt ist, dass sie viele Male, wenn über diese bösen Israelis berichtet wird, sie ihren Lesern recht deutlich machen, dass das Problem nicht alle Israelis sind, sondern ausdrücklich die Juden.

Human Rights Watch (HRW) schrieb vor Kurzem einen Bericht, in dem es hieß, israelische Siedler nutzten palästinensische Kinderarbeit. Dieser Bericht wurde von den europäischen Medien weithin übernommen. Abgesehen davon, dass die Quelle dafür, die Behauptungen der Hamas sind und keineswegs Untersuchungen, sind sie schlichtweg falsch. UK Media

Watch stellte heraus, dass der HRW-Bericht das Bild eines palästinensischen Kindes benutzte, das auf einem palästinensischen Bauernhof arbeitete. Doch die Medien sind nicht an palästinensischer Kinderarbeit interessiert, sie interessiert nur ihren Lesern zu erzählen, dass Israel das pure Böse ist. Ihre Leser verstehen das und das wird in ziemlich erwartbaren Kommentaren zu jedem derartigen Artikel gespiegelt.

Der Bericht selbst sagt die Worte „jüdische Siedler" nicht einmal. Das hielt die europäischen Medien nicht davon ab ihren Lesern herauszustellen, dass es in der Tat die Juden – nicht die Israelis – sind, die die Palästinenser verfolgen.

Es sollte außerdem angemerkt werden, dass die Medien zwar Juden gegen Palästinenser positionieren, aber in der Regel nicht betonen, dass Palästinenser Muslime sind. Gegen Muslime wollen wir lieber nicht aufstacheln, nicht wahr? Besser also gegen Juden, die sind das gewöhnt.

2. Die deutsche Linke in der BRD

Das es sich dabei nicht um spezielle Form der Sozialisten in der DDR handelt, sondern ein generelles Problem der Sozialistenideologen möchte ich in diesem zweiten Abschnitt an drei Beispielen demonstrieren. Erstens, die heutigen Medien. Zweitens Die 68er und Drittens die RAF. Beide Aktionen sind freilich in Wechselwirkung zu sehen, die Westdeutsche Linke hat zwar ihre eigenen Quellen der Formung und eine andere Zielsetzung, aber sie waren fest mit Stasi und SED (heute Linkspartei) vernetzt.

Medien:
Belgien – Schlagzeile bei VRT: *„Jüdische Kolonisten lassen palästinensische Kinder für sich arbeiten"*
Deutschland – Artikel in der ZEIT (via AFP): *„HRW hat die mutmaßliche Beschäftigung palästinensischer Kinder in landwirtschaftlichen Betrieben jüdischer Siedler im besetzten Westjordanland verurteilt"*
Norwegen – Artikel in NRK: *„HRW ruft Israel auf die Benutzung palästinensischer Kinder-Arbeiter in jüdischen Siedlungen zu stoppen."* (dem folgt ein Zitat von HRW, das nur Israel erwähnt, nicht Juden!)
Polen – Schlagzeile von Radio Polen: *„HRW: Jüdische Siedler lassen palästinensische Kinder für sich arbeiten"*
Großbritannien – Artikel im Telegraph: *„Etwa 4.500 jüdische Siedler und 60.000 Palästinenser leben in der Region des Jordantals, ein 75 Meilen langer Landstreifen, der an den Fluss Jordan grenzt."*

Die Emotionen schlugen hoch, als in den sozialen

55

Netzwerken dieses Bild verbreitet wurde: Zwei israelische Polizisten führen eine arabische Frau ab, die augenscheinlich ins Gesicht geschlagen worden war.

„Es bedarf zweier Polizisten mit gezückter Pistole, um eine unbewaffnete Frau zu verhaften", schrieb der Anti-Israel Blogger Richard Silverstein.

Ein Weiterer: *„Das ist der Landstehlende, mordene, israelische Abschaum"*.

Wer jedoch aufmerksam hinschaut, erkennt die Ungereimtheiten. Die „Uniform" der angeblichen Polizisten kennt man so nicht, auch die Bereitschaftspolizei sieht anders aus.

Aber woher kommt das so bekannt vor? Genau, es sind Purim Mützen für Kinder. Weil die Mützen für Kinder zugeschnitten sind, passen sie natürlich keinem Erwachsenen, deshalb mussten für das gestellte Foto die Mützenschirme verlängert werden, bei dem rechten „Polizisten" sieht es gar aus, als hätte er zwei Mützen übereinander auf dem Kopf.

Abbildung 1: Quelle: Israel Heute

Abbildung 2: Quelle: Israel Heute

Also eine weitere Pallywoodproduktion vom Feinsten. Auch sieht man im Hintergrund der „Akteure" wie ein Fotograf auf dem Display seiner Kamera überprüft, ob die Aufnahme auch gelungen ist. Falls nicht, na dann wird alles nochmal gefilmt.[51]

In Deutschland die deutsche Linke dieser Art von billigster Propaganda in nichts nach. Links männliche Asylanten aus Syrien, die mit ihrem neuen Smartphones Bilder ihrer Kinder in die Kamera halten und bekunden sich Sorgen zu machen. Dieses Bild entstammt tatsächlich der Propaganda der Die Grünen, um für Mitleid für Asylanten zu werben. Links eines der noch zeigbaren Bilder von einer syrischen Frau und ihrem Kind, das sich im Kriegsgebiet befindet.

---

51 siehe: Israel Heute, lesbar in der Printausgabe für Juni 2015

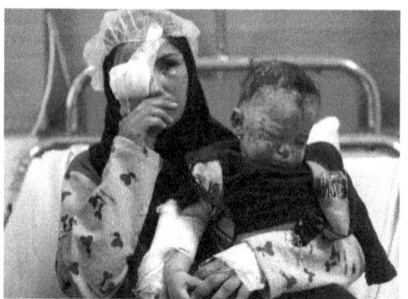

Abbildung 3: Quelle: Uwe O.   Abbildung 4: Quelle: AP Photo.

68er:

Schon der französische Frühsozialismus war antisemitisch und wähnte in den Rothschilds sowie einem angeblichen *„jüdischen Finanzfeudalismus"* die Wurzel allen Übels. Viele russische Linke waren glühende Judenhasser und auch deutsche Frühsozialisten wie der Komponist Richard Wagner, Karl Marx und etwas später Eugen Dühring schrieben Sätze, deren antijüdisches Ressentiment und deren Hass mit noch so vielen Interpretationskünsten und Kontextuierungen nicht ausgelöscht werden können. Dass der späte Karl Marx, der Verfasser des *Kapitals*, die Kritik der *„jüdischen"* Geldwirtschaft durch eine Kritik des abstrakten Kapitalverhältnisses ersetzte, und einer der Begründer der deutschen Sozialdemokratie, August Bebel, sinnvoll, aber nicht unbedingt richtig, den Antisemitismus als den *„Sozialismus des dummen Kerls"* bezeichnete, beweist nur, dass die real existierende Linke nicht in jedem Fall die Höhe ihres möglichen Gedankens erreicht hat. Was für die Geschichte der Linken im Allgemeinen gilt, gilt umso stärker für die westdeutsche Nachkriegslinke.

Nicht erst seit Wolfgang Kraushaars Rekonstruktion

des von dem Kommunarden Dieter Kunzelmann geplanten und angeregten Bombenanschlags auf ein jüdisches Gemeindezentrum 1969 in Berlin, sondern schon seit Martin Klokes profunder Arbeit über *„Israel und die deutsche Linke"* aus dem Jahr 1990 ist der Befund klar: Der vermeintlich politisch korrekte Antizionismus und Antiisraelismus, der keineswegs nur von radikalen Splittern der Linken vertreten wurde, war in den meisten Fällen ein Fall von Judenhass, wenngleich das Feindbild der jüdischen Wucherer nun gegen den kollektiven Juden, den sogenannten *„Vorposten des US-Imperialismus"* ausgetauscht wurde. Was aber dadurch wieder verschlimmert wurde, das man ständig darauf verwies, das Israel die USA kontrollierte.

Dieter Kunzelmann fand in seinen (angeblichen) *Briefen aus Amman*[52] nach dem missglückten Anschlag die passenden Sätze:

> *„Palästina ist für die BRD und Europa das, was für die Amis Vietnam ist. Die Linken haben das"*, so Kunzelmann im November 1969 *„noch nicht begriffen. Warum? Der Judenknax. (…) dass die Politmasken vom Palästinakomitee die Bombenchance nicht genutzt haben, um eine Kampagne zu starten, zeigt nur ihr rein theoretisches Verhältnis zu politischer Arbeit und die Vorherrschaft des Judenkomplexes bei allen Fragestellungen."*

Überwunden hatte diesen *„Judenknax"* dann Wilfried Böse, der im Sommer 1976 bei einer Flugzeugentführung jüdische und nichtjüdische Passagiere selektierte. Und Ulrike Meinhof, die zunächst flüchtige, dann eingekerkerte Ikone eines linksradikalen Terrorismus, hatte noch aus der Haft, 1972, gemeinsam mit Horst Mahler den mörderischen Anschlag auf die israelische Olympiamannschaft als

---

52 Wurden wohl erst nach seiner Rückkehr in Berlin geschrieben.

„mutiges Kommando gegen zionistische Soldaten, die in München als Sportler auftraten", gefeiert. An anderer Stelle meinte Ulrike Meinhof gar, dass der Antisemitismus in Wirklichkeit nichts anderes als Antikapitalismus sei. „Wie, als ein Sozialist, sollte man kein Antisemit sein können?", fragte einst in München Adolf Hitler, Meinhof teilte diese Ansicht offenbar.

„Auschwitz", sagte Meinhofs, heißt, dass „sechs Millionen Juden ermordet und auf die Müllkippen Europas gekarrt wurden als das, als was man sie ausgab – als Geldjuden." Eine verdrehte Reprise von August Bebels Einsicht oder die Apologie eines industriellen Massenmordes alá Hitler?

Repräsentieren Kraushaars Funde lediglich die bizarre Geschichte einiger randständiger vernebelter Radikaler, die mit ihrem Irrsinn der ganzen Linken nachhaltig schadeten? Oder hat eine Variante der Totalitarismustheorie recht, die allen revolutionären Welterlösungsideologien ein letztlich hasserfülltes, immer wieder in Mord ausbrechendes Ressentiment unterstellt?

Man kann Kraushaars Recherche entsprechend klinisch lesen: als Vorspiel zu einem Drama gleichsam, in dem sämtliche späteren Motive – wenn auch unbewusst und noch verhüllt – schon vorliegen, als Grundierung, die die Strahlkraft des Bildes noch lange bestimmen sollte: vom Termin der geplanten Bombenexplosion, dem 9.November, die ja nur wiederholt hätte, was einunddreißig Jahre zuvor massenhaft geschehen ist, über die offene Verbindung von Gewaltfantasie, geplantem bewaffneten Kampf und Judenhass zur Wahnidee, das eigene Bewusstsein sei von Juden besetzt („Judenknax"); von der Herkunft einiger Täter aus dem notorisch antisemitischen Franken bis zu Vorstufen der Planung des Anschlags auf die israelischen Sportler; vom Zusammenspiel des westdeutschen Verfassungsschutzes mit einer terroristischen Linken, die wiederum von der DDR unterstützt wurde.

Aus der Distanz von mehr als vierzig Jahren zeichnet sich so ein den einzelnen Akteuren vermutlich unbewusster Gesamtzusammenhang ab, der das linksradikale Aufbegehren gegen die Generation nationalsozialistischer Eltern als widersprüchlichen Identifikationsprozess mit ihnen und ihrem Judenhass offenbart. Zumal Götz Aly hat diesem Umstand, Rechnung getragen: Am Ende seines Buches entfaltet er einen komplexen, sozialpsychologischen Zusammenhang, gemäß dessen die Eltern der „68er", Aly bezeichnet sie als die „33er", ihrerseits in einer Situation der Kälte und *„Vaterlosigkeit"* aufgewachsen seien, die es ihnen nach der Begeisterung für den Nationalsozialismus, nach der Verstörung einer vom Krieg geprägten Adoleszenz sowie einer durch die deutsche Niederlage bewirkten Zerstörung aller Orientierungen unmöglich gemacht habe, den eigenen Kindern Vertrauen und Orientierung zu vermitteln. Somit wurden deren Kinder – die künftigen „68er", so Aly – zu einer *„emotional frierenden Generation"*, die ihr Heil *„in der Simplizität"* suchte: *„im Ausstieg, im gewaltsamen Absprung, in der Widerspruchsarmen ideologischen oder prinzipiell ‚alternativen' Selbstausrichtung…"*

Das, was damals als Antisemitismus bezeichnet wurde, wies demnach zwei Komponenten auf: eine außerordentlich schlichte Theorie des Imperialismus sowie eine vor dem Hintergrund der eigenen Geschichte nur als projektiv zu bezeichnende Wahrnehmung der in vielen Fällen tatsächlich diskriminierenden israelischen Politik gegenüber den Palästinensern sowie ein in der Tat erstaunliches Desinteresse, dass allerdings aus den ständigen Feindseligkeiten und feigen terroristischen Attacken begründet liegt, und an der seit Beginn der sechziger Jahre mindestens juristisch höchst intensiv geführten Auseinandersetzung mit dem Holocaust. Wenn überhaupt, so ließe sich sagen, wurde dieser Teil der

Geschichte vor allem dazu verwendet, einen bitter ausgetragenen Generationenkonflikt gegen Eltern, die meist Täter oder Mitläufer waren, auszufechten. Deren Opfer interessierten dabei kaum.

Indes: Ist das ein wirklich erstaunliches Ergebnis? Was anders wäre realistischerweise zu erwarten gewesen? Hätte eine Generation, die ja wie jede andere von ihren Eltern geprägt wurde, überhaupt die Chance gehabt, anders zu agieren? Die Revolte war, lässt man sich auf eine psychoanalytische Betrachtung ein, von einer tiefen Ambivalenz getragen. Der ödipale Aufstand gegen den Vater (und in diesem Fall auch gegen die Mütter) erfolgte mit deren eigenen Mitteln: mit einem zwar oberflächlich linken, aber dennoch in vielen Fällen unerbittlichen, nationalsozialistischen Weltbild, begleitet von einem hasserfüllten Ressentiment gegen *„die USA"* und *„den Zionismus"* sowie einer vielfach unbedachten Identifikation mit jenen politischen Kräften, die entweder von den USA oder dem Staat Israel bekämpft und unterdrückt wurden oder gar als Hoffnungsträger für eine befreite Gesellschaft galten. Spätestens bei der identifikatorischen Stellungnahme mit solchen Staaten und Bewegungen gingen dann auch Ressentiment und erfahrungsresistente Ideologie ein unauflösliches Amalgam ein. Das war jedoch in den Zeiten des Kalten Krieges keineswegs nur eine Angelegenheit der 68er.

In den ersten Junitagen des Jahres 1967 kam es zu einem Zerwürfnis zwischen damals etwa 60 Jahre alten sozialistischen Intellektuellen über die Haltung zu Israel und dem Nahen Osten. Im Juni 1967 wechselten der jüdische Linkssozialist und Professor für Pädagogik in Frankfurt/Main, Berthold-Simonsohn, und der Marburger Politologe Wolfgang Abendroth Briefe, in denen Simonsohn Wolfgang Abendroth um eine Solidaritätsbekundung zugunsten des Staates Israel bat. Abendroth lehnte dies in einem Brief, der in einer neuen, aus der Feder von Wilma Grossmann stammenden Biografie von Simonsohn enthalten ist, mit folgenden Worten ab:

> *„Auch bei dem gegenwärtigen Präventivkrieg muss daher Israel keineswegs nur den Feudalherren der monarchischen arabischen Staaten, sondern vor allem der Bevölkerung der im Wesentlichen progressiven republikanischen Militärdiktaturen als Vortrupp amerikanischer imperialistischer Interessen erscheinen. Deshalb ist eine Identifikation des sozialistischen Internationalismus in den kapitalistischen Staaten Europas mit der gegenwärtigen Politik Israels bei aller Sympathie für die israelische Bevölkerung völlig unmöglich."*

Simonsohn antwortete enttäuscht:

> *„Niemand verlangt eine einseitige Identifikation des internationalen Sozialismus mit der israelischen Politik, aber ich dachte, dass eine eindeutige Stellungnahme gegen Chauvinismus und*

Kriegshetzerei der Araber,
gegen deren
bedingungslose Aufrüstung
durch die Sowjetunion und
für ein Programm der
Verständigung mit dessen
Grundsätzen durchaus
vereinbar sei. Ich bin der
Meinung, dass es für
Sozialisten auch in der
Politik einen
Grundtatbestand an
moralischen Prinzipien gibt,
die man nicht ungestraft
verletzen darf. "

Dieser Briefwechsel zeigt aber, dass es bei dem, was man als „Antizionismus" bezeichnen kann, nicht nur um ein Generationenphänomen, sondern um eine weltanschauliche Differenz ging. Eine Differenz, die von einer unterschiedlichen Betrachtung der deutschen Geschichte getragen war, einer Geschichte, in der damals der Holocaust noch nicht jene Bedeutung hatte, die ihm heute aufgrund intensiver Lern- und Diskussionsprozesse zu Recht zukommt.

Viele Angehörige der Protestbewegung haben anders, nicht so „antizionistisch" gehandelt oder lebten doch wenigstens in Umständen, die ihnen das Ausleben destruktiver Energien und die Übernahme elterlicher Delegation unmöglich machte. Darauf stolz zu sein, wäre ebenso töricht, wie sich im Rückblick von über vierzig Jahren als in jeder Hinsicht politisch zurechnungsfähige Individuen zu betrachten. Ebenso töricht wäre es freilich, die genannten judenfeindlichen Haltungen mit leichter Hand als vernachlässigbare Jugendsünde abzutun. Weise wäre es stattdessen, die eigene Bedingtheit anzuerkennen und zu realisieren, dass die von den nationalsozialistischen Eltern geprägten Jahre ebenso vergangen sind, wie die Zeiten des Kalten Krieges, der dieser Form der Judenfeindschaft erst politischen und moralischen Zuspruch verliehen hat. Nicht vergangen ist hingegen, dass derzeit mehr als 50 Prozent aller Deutschen glauben, dass Israel mit den Palästinensern im Prinzip dasselbe tut wie Nationalsozialisten mit den Juden. Wenn man aber sieht zu welchem politischen Spektrum diese Gläubigen gehören, stoßen wir meist auf Sozialisten und Neonazis, wie also soll es da ein Gegenteil geben, zwischen den beiden.

RAF:
Machen wir uns nichts vor, ein großer Teil, der deutschen Linken sieht in der RAF so etwas wie Helden, die den Weg des Kommunismus ebnen wollte. Ja, man geht so weit die Verbrecherbande als Teil des antifaschistischen Kampfes zu sehen. Damit erklärt man den guten Zweck der linken Gewalt und viele gegenwärtige Politiker denken genauso, werden vom Volk bezahlt und laben sich in den Errungenschaften des kapitalistischen Deutschlands. Sogar dürfen sie, Jutta Dittfurth, Manuela Schwesig, Gregor Gysi, Katja Kipping und viele andere, öffentlich ihre höchst verwerfliche Gesinnung, des guten linken Terrors verbreiten.

Doch gerade im Verhalten gegenüber den Juden offenbart sich dieselbe Nazi-Ideologie, so wie Adolf Eichmann seine Empfindung als Links bezeichnete. Getarnt als Antizionismus wurde Judenhetze bei der deutschen Linken populär und die Linksterroristen der 70er und 80er erkannten das vorherrschende Feindbild der Nazis, als etwas für sie Akzeptables.
Besonders die Ansichten der RAF-Terroristin Ulrike Meinhof, die von Jutta Dittfurth so verherrlicht wird, sind sehr interessant, offenbaren allerdings eine Ansicht, die

man, ohne den Namen der Verfasserin zu kennen, spontan, als die von Neonazis charakterisieren würde. Sie veröffentlichte diese Überlegungen bezüglich des Endes des Zweiten Weltkrieges 1965 in der Zeitschrift *Konkret*, die von der Stasi finanziert und mit aufgebaut wurde. Es handelt sich aber nur eine von vielen linken Medien, in denen dies geschah. Meinhofs Überlegungen sind erstaunlicherweise angelehnt an den umstrittenen Historiker David Irving, den sie dort auch zitiert. Sie hatte nicht die geringsten Skrupel, obwohl dieser zum Lager der Neo-Nazis gerechnet wird. Sie deutet eine Verschwörung an, die nur deshalb den Krieg gegen Deutschland wollte, weil man auf den Erfolg von Hitler neidisch war. Und natürlich stecken Juden hinter allem. Sie schreibt, im Sinne von Irving:

> *"In Dresden ist der Anti-Hitler-Krieg zu dem entartet, was man zu bekämpfen vorgab und wohl auch bekämpft hatte: zu Barbarei und Unmenschlichkeit, für die es keine Rechtfertigung gibt."*

Das war nichts was so daher gesagt wurde. Meinhof war sich der Bedeutung ihrer Worte absolut bewusst.

1972 verstärkte sie ihre Aussage noch einmal. „*Ohne dass wir das deutsche Volk vom Faschismus freisprechen - denn die Leute haben ja wirklich nicht gewusst, was in den Konzentrationslagern vorging -, können wir es nicht für unseren revolutionären Kampf mobilisieren.*" Die deutsche Linke widersprach Meinhof nie. Im Gegenteil, diese Ansichten von Meinhof wurden von der deutschen Linken aufgegriffen und in die Tat umgesetzt. Wie das geschah? Zunächst verbündete man sich mit den ehemaligen Verbündeten des Nazi-Deutschlands, den Arabern in Palästina. Die Stasi war da sehr hilfreich. Die Araber wurden von linken Intellektuellen in geschichtsverzehrender Revision zu „Ureinwohnern" deklariert. Diese Propaganda wurde auch von der DDR aufgegriffen und der Geist vieler Menschen damit vergiftet. Sie ist aber nicht neu, sondern wurde bereits von der NSDAP genutzt.

Der israelische Verteidigungsminister Mosche Dajan wurde als Wiedergänger Heinrich Himmlers erklärt. Ein Auftakt zur Nazifizierung Israels und dann war es schon sehr einfach aus den Arabern in Palästina die neuen Juden zu machen. Das töten von Juden war damit ideologisch gerechtfertigt. Auf diese Weise konnte man sich sicher sein, das Wohlwollen jeden Antisemiten zu erhaschen. Man erklärte nicht den Nationalsozialismus für etwas Gutes, denn man brauchte ja die Nazikeule gegen die Konservativen. Stattdessen erklärte man die Juden zu Nazis und blieb bei dem Mythos vom Kampf gegen die Nazis, dem man sich ja auch in der BRD widmete.

Und wieder bildeten deutsche Sozialisten, bzw. Kommunisten, zusammen mit den Muslimen von Palästina eine Front, die so bereits vor 1945 bestanden hatte und richtete sich gegen die Überlebenden, die Hitler übrig gelassen hatte.

Das kam 1976 zu einem ersten Höhepunkt im ugandischen Entebbe, wo linke Deutsche mit muslimischen Palästinensern ein Flugzeug der Air France entführten. Die Nichtjuden wurden von Juden getrennt, in der Art und Weise der SS und sollten getötet werden.[53] Dies ist weder übertrieben ausgedrückt (meinerseits), noch als Antizionismus zu rechtfertigen durch die Linken.

Die Terroristen selektierten eben nicht nur Zionisten, sondern sagten Juden. Man nahm alle Passagiere mit israelischen Pass als Geiseln und alle Passagiere, deren Name als jüdisch erkannt wurde. Diese Idee ist auch nicht

---

53 Die Linksliberale Haaretz vom 8. Juli 2011 versucht die Ehre der Linken Terroristen zu retten: Artikel von Yossi Melman: Setting the record straight: Entebbe was not Auschwitz

auf die Muslime der Terroristen abzuschieben, sondern oblag den deutschen Kommunisten Wilfried Böse (alias *Bonni* alias *Mahmud*) und Brigitte Kuhlmann. Eine Geisel zeigte Böse seine eintätowierte Häftlingsnummer, die ihn als KZ-Überlebenden auswies. Auf Deutsch sagte er zu ihm, die neue Generation der Deutschen sei offenbar nicht anders als die, die er im Holocaust erlebt hatte. Der Terrorist reagierte in einer Art und Weise, wie sie nur allzu typisch ist für Deutschlands Linke. Böse erwiderte, er sei kein Nazi, sondern Idealist. Das ist ganz die Form von: Die Toten des Kommunismus haben nichts mit Kommunismus zu tun.

Wilfried Böse hatte 1972 die Revolutionäre Zellen in Frankfurt am Main gegründet. Die vernetzt waren mit RAF und Bewegung 2. Juni. Es kam gerade in diesem Fall zu einem Moment, der als wahrer Augenöffner im Bezug auf die Verwandtschaft Nationalsozialismus und internationaler Sozialismus verstanden werden kann und von mir bereits in früheren Schriften in meinem Blog dargelegt wurde: Die Revolutionäre Zellen spalteten sich auf in einen nationalen Flügel und einen internationalen Flügel! Sprich: Nationalsozialisten und Sozialisten. Niemand hatte allerdings bei der deutschen Linken je behauptet, dass es sich bei diesem nationalen Flügel um Rechtsradikale handeln könnte. Das schien absolut absurd.

Sei es Meinhof, Ensslin, Baader sie alle sahen sich nicht nur als Täter, sondern auch als Opfer, die von bösen Juden, die im Hintergrund die Fäden ziehen, zu ihrem Befreiungskampf gezwungen werden. Der simple Dualismus: guter Sozialist gegen den ausbeutenden Juden, der bereits Hitler gedient hatte.

Bereits mit dem Sechstagekrieg 1967 gewann Israel immer wieder an Bedeutung für linke Terroristen. Und das mit der festen Prämisse, dass auch kein Judenstaat die

Überlebenden des Holocausts schützen kann.

In den Anfangszeiten des Staates Israel kann man einen Hauch Sympathie der deutschen Linken gegenüber Israel durchaus erkennen. Doch das war schnell vorbei mit den 68er, das heißt, mit ihnen war dieser Prozess bereits vollendet. Und verschlimmerte sich, als man, begann vom arabischen Geld zu profitieren.

Die Schnelligkeit, mit der die deutsche Linke die palästinensischen Lügen adaptierte und weiterentwickelte, lässt auf eine sehr korrumpierte Seele bei diesen „edlen Idealisten" schließen. Was durch den grundsätzlichen Judenhass noch verstärkt wurde.

Der SDS, der die Studentenunruhen heraufbeschwor, in enger Zusammenarbeit mit Stasi und islamischer Welt bezeichnete Israel als *„Brückenkopf des westlichen Imperialismus in Arabien."* Im Gegenzug wurde aus der palästinensischen Fatah eine sozialistische Bewegung gemacht, mit der es sich zu solidarisieren galt.

Dass es sich bei der Israelkritik nicht um bloße Empörungsrhetorik handelte, sondern jüdische Einrichtungen von Teilen des linksterroristischen Spektrums fortan zu erklärten Zielscheiben wurden, demonstrierten die Tupamaros Westberlin (TW). Am 9. November 1969 deponierten Mitglieder dieser TW eine Bombe im jüdischen Gemeindehaus, die während einer Gedenkveranstaltung zur Reichspogromnacht 1938 explodieren sollte. Der Sprengsatz schadete niemandem, sein Zünder war nicht intakt.

In einem Bekennerschreiben heißt es unter dem Titel *„Schalom + Napalm"*:

> *„Jede Feierstunde in*
> *Westberlin und in der BRD*
> *unterschlägt, dass die*
> *Kristallnacht von 1938*

69

heute täglich von den
Zionisten in den besetzten
Gebieten, in den
Flüchtlingslagern und in
den israelischen
Gefängnissen wiederholt
wird. Aus den vom
Faschismus vertriebenen
Juden sind selbst
Faschisten geworden, die
in Kollaboration mit dem
amerikanischen Kapital das
palästinensische Volk
ausradieren wollen."

(Jürgen Todenhöfer hatte sich 2014 in einer ganz ähnlichen Weise geäußert.) Um einer moralischen Zwickmühle zu entgehen - denn sterben sollten ja jene, auf die es auch Hitler und seine Gefolgschaft abgesehen hatten -, wurde Israel kurzerhand bezichtigt, sich nationalsozialistischer Methoden im Kampf um Selbstbehauptung zu bedienen. Die Entlastungslogik wirkte einfach: Wenn die Opfer Schuld auf sich laden, sind wir von unserer historischen Sünde befreit und zum erneuten Kampf befugt. Dahinter stand die Ideologie der SED.

Die weniger radikalisierten deutschen Linken zeigten sich paralysiert über die Bombe gegen Juden. Dieter Kunzelmann, Führer jener Gruppe von Tupamaros, warf daraufhin seinen Genossen vor, die Zeichen der Zeit nicht erkannt zu haben. In seinem *„Briefen aus Amman"* schrieb er seinen Freunden:

„Palästina ist für die BRD
und Europa das, was für
die Amis Vietnam ist. Die
Linken haben das noch
nicht begriffen. Warum?
Der Judenknax."

70

Die Tupamaros waren im Jemen ausgebildet worden und kehrten extrem radikalisiert und voller Hass auf Juden zurück. Später verübten dann die Tupacmaros München am 13. Februar 1970 einen Brandanschlag auf ein jüdisches Altersheim. Im höchsten nur erdenklichen Hohn, wurden dabei 7 Überlebende des Holocaust verbrannt. Da die Ermittlungen sich allerdings auf die Neonazikreise beschränkten, verlief die Untersuchung ins leere.

Der frühere Radikale Alois Aschenbrenner erinnerte sich im FOCUS (01.07.2012) an den Besuch von Kunzelmann und seiner Truppe in München, nach deren Rückkehr aus dem Jemen:

> *„Die waren total*
> *radikalisiert. Die redeten nur*
> *noch vom israelischen*
> *Feind, wollten eine richtige*
> *Front aufbauen."* [54]

Laut einem Vermerk des Bundeskriminalamtes vom 13. April 1976 hatte der RAF-Aussteiger und Kronzeuge Gerhard Müller von einem Gespräch zwischen den beiden RAF-Frauen Gudrun Ensslin und Irmgard Möller berichtet. Nach dem habe sich Ensslin laut Protokoll über den Münchner Brandanschlag aufgeregt: *„Diese Arschlöcher. Gut, dass die Sache den Neonazis untergeschoben wurde."* Der Kronzeuge schlussfolgerte, dass die beiden Terroristinnen *„wussten, wer den Anschlag durchgeführt hatte".*

Ich denke damit lässt sich endlich begreifen, warum linke Radikale oft zu Neonazi werden, oder umgekehrt. Sie sind keine Gegensätze.

Anfang der siebziger Jahre - exakt zur Zeit der

---

54 http://www.focus.de/panorama/welt/muenchen-polizei-verlegte-entscheidendes-beweismittel-judenmord-von-1970-beschaeftigt-wieder-die-justiz_aid_775568.html

71

Brandanschläge gegen das jüdische Altenheim in München - war die linksextremistische Gruppe Namens *Münchner Tupamaros* in der bayrischen Landeshauptstadt höchst aktiv. Eine Serie kleinerer Brand- und Sprengstoffanschläge bildete 1970/71 den Anfang. Außerdem attackierten im Februar 1970 arabische Täter die Passagiere einer israelischen Maschine im Münchner Flughafen. Wenig später wurde dann auch die terroristische *Rote Armee Fraktion* in Bayern aktiv, unter anderem mit einem Autobombenattentat auf das LKA-Gebäude im Mai 1972.

Die Zurückweisung des deutschen Schuldbewusstseins und Ausrichtung des Freund und Feind Bildes an nationalsozialistischen Vorgaben erfolgte hier genauso wie bei sogenannten Neonazis. Die Unterstützung durch palästinensische Gruppen wurde immer Wichtiger im Bezug auf Logistik und Finanzen, erst recht als die DDR unterging.

Zahlreiche RAF-Mitglieder, unter ihnen Andreas Baader, Gudrun Ensslin und Ulrike Meinhof, erlernten erst in arabischen Ausbildungscamps den bewaffneten Kampf und wurden so Teil von Söldnertruppen, deren Hauptbeschäftigung darin lag, Flugzeuge der israelischen El Al zu kapern, deren Mitarbeiter zu lynchen und so den jüdischen Staat zu erpressen.

Ganz besonders aber tritt die antisemitische Gesinnung der RAF, als auch die nationalsozialistische Menschenverachtung, so offen zutage, wie im Bezug auf das Attentat 1972 in München. Der feige Mordanschlag auf die israelische Olympiamannschaft wurde glorifiziert als *„gleichzeitig antiimperialistisch, antifaschistisch und internationalistisch"* und den Terroristen des *Schwarzer September* eine *„Sensibilität für historische und politische Zusammenhänge"* zugeschrieben.

Unmissverständlich sprechen sie von *„Israels Nazifaschismus"*. Der *Kampf gegen Rechts* wurde selbst gegen Israel oder allen Juden angewendet. In einer wirren Sicht, von zerebral zugerauchten Idioten, wurden alle Maßstäbe von Moral und Anstand umgedeutet. Genau diesen Zustand finden man bei der sogenannten Antifa, deren geistige Brandstifter, einst Handlanger der SED Ideologen im deutschen Parlament hocken und sich darüber den Kopf zermartern, wie man die durch und durch Nazi-Gesellschaft der BRD zerstören könnte. Natürlich mithilfe der alten Freunde. So wie es die DDR in ihrer Propaganda immer gelehrt hatte.

Ulrike Meinhof, die Jutta Dittfurth eine „Seelenverwandte" nannte, vermasste sich sogar zu der Aussage, dass die israelische Regierung ihre Sportler „verheizt wie die Nazis die Juden" habe. Dies sollte jedem vor Augen führen, wo die Gefahr der Gesellschaft tatsächlich sitzt.

Diese Pogromrhetorik wagte die für mich geisteskranke Meinhof als Antizionismus zu rechtfertigen. Dieses Bekenntnis war jedoch nur das markanteste Beispiel einer vermeintlich antizionistischen Argumentation von deutschen Linken. Tatsächlich wurde schon die bloße Staatsangehörigkeit Israels als Schuldspruch gesehen - und der Davidstern, Israels Staatssymbol, als feindliches Zeichen interpretiert: Das war purer Antisemitismus.

Wie weit einzelne RAF-Mitglieder die zynische Opferumdeutung mithilfe einer allseits einsetzbaren NS-Schablone verinnerlicht hatten, brachte Ulrike Meinhof zum Ausdruck, als sie 1972 im Prozess gegen Horst Mahler ihre Haftbedingungen mit Konzentrationslagern verglich:

> „Jetzt reden wir mal von
> Köln-Ossendorf, das Lager,
> dessen Wahrzeichen ein
> Schornstein ist."

Daraufhin aufgefordert zu definieren, was für sie Antisemitismus sei. Verfing sie sich in ein wirres Gebrabbel, in dem sie begann, die Vernichtungsindustrie der Nazis teilweise zu rechtfertigen.

Die Juden, so Meinhof, seien ermordet worden, *„als das, was man sie ausgab - als Geldjuden. Der Antisemitismus war seinem Wesen nach antikapitalistisch."* Denn er ist eine linke Basis. Meinhof war bis zu ihrem Lebensende Mitglied der KPD geblieben, im Gegensatz zu ihrem Ehemann, der rausflog, weil er die SED kritisiert hatte. Die westdeutsche KPD war nur eine Außenstelle der SED. Und weiter sagte Meinhof: *„In diesem Antisemitismus, der ins Volk reinmanipuliert worden ist, war die Sehnsucht nach dem Kommunismus, die dumpfe Sehnsucht nach der Freiheit von Geld und Banken."* Genau dasselbe wurde auch von den Nazis behauptet. Wenn wir heute der Linkspartei, ehemals SED zu jubeln, weil Gregor Gysi auf die Macht der Banken hinweist und das das internationale Finanzkapital zerschlagen werden muss, dann muss uns klar sein, dass jeder Nationalsozialist das gleiche tut.

Distanzierende Auseinandersetzungen mit entsprechenden Taten und Verlautbarungen finden sich bei der RAF nirgends - weder in den unzähligen Stellungnahmen, die noch folgen sollten, noch in der Erklärung von 1998, mit der sich die Terrortruppe endgültig auflöste. Stattdessen liest man im dortigen Schlussabschnitt den genderkonformen Satz:
„Wir werden die GenossInnen der palästinensischen Befreiungsfront PFLP nie vergessen."

Gegenwärtig droht sich eine neue Variation der RAF zu entwickeln, die aus der Frankfurter Azzlacks Szene hervorgeht. Im Moment verherrlicht man den Kampf gegen Israel und für die Palästinenser und gegen die Deutschen.

74

Allerdings beschränkt sich der aus der RAF resultierende Antizionismus sich nicht nur auf linksradikale Szenemilieus.

Die Linken haben den Antisemitismus wieder salonfähig gemacht. Und verschleiern dies, als objektive Meinung einer geistigen Elite, für die sie sich halten. Allerdings ist Einbildung keine Bildung.

Ein Beispiel ist Udo Steinbach, Direktor des Orient-Instituts, der bezweifelte, palästinensische Selbstmordattentate unter Terrorismus verstehen zu können. Man müsse *„im Blick auf Warschau und im Blick auf den Aufstand der Juden im Warschauer Ghetto auch fragen dürfen, war das dann nicht auch Terror?"*

Ähnliche Überlegungen dürfte auch Rupert Neudeck, der Erfinder der Cap Anamur, angestellt haben, bevor er in seinem Buch *"nicht mehr schweigen"* wollte und vor der *"Freundschaftsfalle Israel"* warnte.

Die BRD ist im Moment auf einem sehr gefährlichen Weg, durch seine Toleranz und staatlich finanzierter Gewalt gegenüber linker Gewalt. Und das alles Dank Rot-Blutrot-Grün.

3 Läuterung der Linkspartei, ehemals SED?

Es ergab sich am 11. Juli 2014, das bei der Alibi-BAK-Shalom-Gründung, wegen der anhaltenden Antisemitismusvorwürfe gegen die Linkspartei sich etwas Seltsames zutrug. Auf dem Weg zu den Räumlichkeiten des AStA der Wuppertaler Universität wurden 9 Teilnehmer von 5 jungen Männern bedroht und angegriffen. Es gab Schläge ins Gesicht. Dabei bemerkte man, das einer der Opfer eine Kippa trug. *„Warum trägst du eine Kippa? Bist du Jude? Bist du Jude?"*, sollen die Angreifer gerufen haben. Der Attackierte bejahte dies – und dafür erhielt er die Antwort: *„Dann ist okay."*

Urheber soll Landessprecher des Studentenrates der Linksjugend von NRW gewesen sein. Er ist als Judenfeindlich bekannt.

Martin Niewendick, Mitglied der Linksjugend, war dabei und wollte den Shalom-Arbeitskreis mitgründen. Er sagt: *„Die wollten auf jeden Fall den Eindruck vermeiden, dass sie etwas gegen Juden hätten."* Wäre ja peinlich, wenn das rauskommt. Also wollte man Deutsche angreifen, damit diese nicht bei BAK-Shalom teilnehmen.

Gerade die Frage an den jungen Mann mit Kippa wertet Niewendick als Indiz, dass sich die Schläger als links verstehen. Es gilt zu beachten, dass man auch hier nicht von Zionisten sprach, sondern Juden.

Außerdem seien ja Vertreter des Landessprecher Studentenrat plötzlich in Wuppertal aufgetaucht, kurz vor dem Überfall. Und vorher hätten diese die fünf kräftigen jungen Männer, dem Aussehen nach vielleicht türkischer Herkunft waren, begrüßt.[55]

---

55 Jüdische Allgemeine Zeitung 16.07.2014, Angriff bei BAK-Shalom-

Mittlerweile kursieren auch Screenshots einer Facebook-Seite, auf der der öffentliche Aufruf zur Gründung eines BAK Shalom NRW zumindest zweideutig kommentiert wird. Eine Userin notierte dort: *„Wir sollten die Veranstaltung ein bisschen aufmischen"* und setzte dahinter einen Smiley. Eine weitere Userin schlägt ernsthaft vor, Gruppen wie *„Young Struggle"* oder *„Rote Antifa"* zu verständigen – was bei Teilen der Israelsolidarischen Linken wie die Drohung mit einem Schlägertrupp wirkt.

Niewendick berichtet, man habe die Polizei nicht gerufen. *„Das ist in linken Kreisen nicht opportun."* Nun, das ist es bei der Mafia auch nicht. Und bei dem anschließenden Treffen hätten Gamze Özdemir, Mitglied des Schulsprecherrates und andere klar erklärt, dass sie eine Gründung des jüdischen Arbeitskreises verhindern wollten.

Erinnert sei auch an das Problem der AfD-Genossen, die sich der NPD annähern wollen. Wie? Ich kann nicht von Genossen bei der AfD reden, denn das ist eine bürgerlich konservative Partei, oder gemäß der ewig gestrigen der Kommunistenfraktion, sind es gar Rechtsextreme oder Nazis?

Das ist das Seltsame! Auch die NPD betreibt sozialistische Politik, nur will das keiner wahr haben. Schon gar nicht bei Die Linke, deren Wahlprogramm beinahe identisch ist, mit der NPD, lässt man mal den nationalen Aspekt und den Genderschwachsinn außer Acht.

Schon Ende 2014 sagte Alexander Gauland, der Chef der Alternative für Deutschland (AfD) in Brandenburg, er könne sich eine punktuelle Zusammenarbeit mit der Linken gut vorstellen. Man habe ja schließlich einiges gemeinsam. Na da schau her!

In diesem Jahr erscheint diese Gemeinsamkeit weitaus größer zwischen den Ex-SEDlern und den

---

Gründung

Konservativen. Beide haben ein Antisemitismusproblem. Denn Die Linke wird immer mehr zur Plattform von Israelhassern und Holocaustrelativierer oder gar Leugner. Und beide Parteien gehen damit gleich um, sie schauen weg.

Gregor Gysi brachte sich auf dem Klo vor Israelkritikern in Sicherheit. Einer dieser, David Sheen, warf ihm dann auch noch Stasimethoden vor. Ausgerechnet am 9. November waren Sheen und Publizist Max Blumenthal eingeladen worden, um im Bundestag zu reden. Verantwortlich dafür waren die Linken Abgeordneten Annette Groth und Inge Höger.

Annette Groth war wohl etwas beleidigt, denn der Staat Israel verweigerte ihr die Einreise. Und zwar, weil sie 2010 sie sich wohl für den Roten Korsaren hielt und die Seeblockade von Gaza durchbrechen wollte. Das wiederum fanden nun die Israelis ganz und gar toll.

„Was die israelische Regierung in Gaza gemacht hat, könnte sich kein anderer Staat erlauben", sagt Groth, und ein wenig klingt das nach den NPDlern, die dem Westen vorwerfen, Israel aus historischen Gründen zu schonen. Aus den Opfern von einst seien Täter geworden, sagt Groth, *„in den Gefängnissen der Israelis sitzen Minderjährige"*.

Tja, Israel macht eben keine Weicheierpolitik, es ist ein Staat im permanenten Kriegszustand. Und auch Minderjährige können töten. Die Linke Abgeordnete meint wohl, das muss man in einer Willkommenskultur tolerieren von den zukünftigen Facharbeitern?

Niemand bei Die Linke will die Antisemiten Groth, Hänsel und Höger abmahnen. Gysi nahm eine Entschuldigung seiner Fraktionskolleginnen viel zu schnell an. Parteichef Bernd Riexinger erklärte lapidar, wenn jeder Abgeordnete ausgeschlossen würde, der mal eine Dummheit begehe, sei die Fraktion bald leer. Das allerdings glaube ich sofort! Aber gewiss leeren sich da die Reihen von Die Grünen sogar noch schneller. Da wirkt das Verhältnis der einstigen DDR-Führung zu Israel nach.

Das alles führt dazu, dass die Linke immer wieder durch Erklärungen mit antisemitischem Klang auffällt. Im Juli 2014 rief beispielsweise Solid, die Jugendorganisation der Linken in Nordrhein-Westfalen, mit einer derart einseitigen "Israel-Kritik" zu einer Demonstration auf, dass Neonazis mitmarschierten und die Facebook-Seite von Solid mit zustimmenden Kommentaren von denen überschwemmt wurde. Die Abgeordnete Höger verteidigte den Aufruf sogar noch. Vor drei Jahren ließ sie sich bei einer Veranstaltung einen Palästinenserschal umhängen, auf dem eine Landkarte eingezeichnet war, auf der Israel ausradiert war.

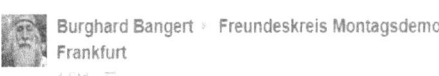

Keine Asylanten, keine Pegida.

Aber es wird noch besser! Katja Kipping bestreitet das Parteimitglieder der Die Linke an der Gaza-Flottille teilnahmen, weil sie antisemitische Ansichten haben.

„Bei den Montagsdemos gegen Hartz IV war es eine

Gefällt mir Kommentieren

🖒 Monika Escobar und 4 anderen gefällt das.

Abbildung 5: Quelle: Facebook
Selbstverständlichkeit, die Beteiligung der NPD zu

79

*verhindern. Wir wollten das Zeichen »Weg mit Hartz IV!«
eben nicht gemeinsam mit Neo-Nazis setzen. Eine solche
klare Grenzziehung zu fragwürdigen Organisationen wird
bei der Flottille unterlassen. Ohne Frage, keine der linken
Abgeordneten, die sich an der Flottille beteiligten, tat dies
in antisemitischer Absicht. Gegen solche Vorwürfe werde
ich sie verteidigen."*

Sie sieht also an den Montagsdemos, wo schon NPD
Spitzenfunktionär Karl Richter auftrat, nichts
Antisemitisches? Da leidet offenbar jemand an akutem
Realitätsverlust. Das Facebookbild links erklärt allen, wär
das Problem der Asylanten in Deutschland auslöste. Nicht
etwa Rot-Blutrot-Grün, die einen Ausverkauf und
Verarmung der BRD betreiben, nein es sind die Juden!
Keine Zionisten, sondern Juden!

Die Gaza-Flottille wurde vom IHH, einer islamistischen
Organisation, organisiert die Israel von der Landkarte
streichen will. Ich meine, sie wussten das schon, denn die
Linke-Abgeordnete Annette Groth und Inge Höger, trugen ja
einen Schal mit der Levante ohne Israel.

IHH-Chef Bülent Yildirim sprach offen Israel das
Existenzrecht ab, ganz im Jargon der Sozis:

> *„Wir haben keine Probleme
> mit Juden, aber wir haben
> ein Problem mit einem
> Platz. ... Unser Problem ist
> der Zionismus, der wie ein
> Virus die Menschheit
> befallen hat."*

Während der Gaza Flottille sangen die Teilnehmer der
Die Linken eindeutig antisemitische Lieder, wie man sie vor
1945 in Deutschland hörte. Ein Beispiel ist ein unter dem
Titel „Blut" in der rechtsextremen Musikszene verbreitete

Lied. Es geht aber auf ein Kampflied der SA zurück[56]:

„Wetzt die langen Messer auf dem Bürgersteig, / lasst die Messer flutschen in den Judenleib. In der Synagoge hängt ein Juden Schwein, / in die Parlamente schmeißt die Handgranaten rein. Zerrt die Konkubine aus dem Fürstenbett, / schmiert die Guillotine mit dem Judenfett. Refrain: Blut muß fließen, knüppel-hageldick, / und wir scheißen auf die Freiheit dieser Judenrepublik, / Blut muß fließen, knüppel-hageldick, / und wir scheißen auf die Freiheit dieser Judenrepublik." Nennt man das etwa berechtigte Israelkritik?

Abbildung 6: Auch Gregor Gysi hält seinen Kopf hin, wenn es gegen die "zionistische Querfront" geht. Ist das die akademische Bezeichnung für jüdische Weltverschwörung? Quelle: Die Linke

Noch wagt es diese Partei aber nicht die Maske abzulegen. Mann redet von der Zweistaatenlösung, obwohl man bei derartigen Gelegenheiten dann die Gaza

---

56 Rainer Erb, Antisemitismus in der rechten Jugendszene, in: Bergmann/Erb (Hrsg.), S. 31–76, hier S. 40 f

Flottille unterstützt, die kein Israel will.

Wenn man solche Positionierungen grundsätzlich ablehnt, so meint Die Linke offiziell, dann wäre auch die Festlegung gegen Privatisierungen als Denkverbot zu kritisieren. Es gibt viele Streitpunkte, die Ausdruck unserer Pluralität sind. Alles was Die Linke von Denkverboten weiß, hat sie bei der SED gelernt.

Immerhin Katja Kipping ist ja Redakteurin des Magazins *Prager Frühling*. „*Das Magazin für Freiheit und Sozialismus*" (so sein Untertitel). Auf die Nachfrage bei Katja Kipping, ob da nicht ein klitzekleiner Funken Antisemitismus in der sozialistischen Partei seien könnte, hieß es:

> „*Dies ist eine Unterstellung.*
> *Kein Thema mischt die*
> *Strömungen so*
> *durcheinander, wie der*
> *Nahost-Konflikt. Über die*
> *Potentiale und Gefahren*
> *von Linksregierungen kann*
> *man streiten (siehe dazu*
> *die Crossover-Ausgabe der*
> *Zeitschrift »prager*
> *frühling«).*"

Oha! Sozialistische Regierungen gab es schon zweimal in Deutschland, die endeten beide in Diktaturen.

Die Aktivisten der Linkspartei verbünden sich seit Längerem mit Islamisten und betreiben dabei anti-jüdische Hetze alá NSDAP. Von Boykottaufrufen jüdischer Waren bis hin zur Leugnung des Holocaust findet sich das gesamte Repertoire des Nazi. Trotz des Aufsehens um ein Flugblatt der Duisburger Linkspartei wird es weiterhin vertrieben, zum Ausdrucken. Der Bundesvorstand der Partei hatte sich zwar distanziert, aber dann offenbar gehofft man möge vergessen und lässt die Verbreitung des Flugblattes weiter zu.

Das Flugblatt unter www.abbc.net/boycott-israel/flugblatt.pdf dient offenbar mal wieder einer *„berechtigten Israelkritik"*, wegen ihrer Besatzungspolitik, spricht aber von Juden. Außerdem wurde auf derselben Seite schon seit mindestens 2011 *Mein Kampf* vertrieben. Das Flugblatt zeigt Hakenkreuz und Davidstern und spricht vom Kriegstreiber Israel, steckt hinter dem Golfkrieg, deutet eine Weltherrschaft Israels an. Durch die Formulierung *„sogenannten Holocaust"* wird dieser offenbar angezweifelt und von Israel nur wegen der Erpressung erfunden. Interessant das man noch ein *„Wahrheit macht frei"* hinzusetzt, als Anspielung auf Auschwitz-Slogan *Arbeit macht frei*, damit sind weiteren Umgang mit Juden ein weiter Interpretierungsspielraum eingeräumt.

Da weigern sich inzwischen linke Abgeordnete, einer Erklärung im Bundestag gegen Antisemitismus zuzustimmen; zum Holocaust-Gedenktag bleiben drei von ihnen bei der Begrüßung des israelischen Präsidenten und Nobelpreisträgers Shimon Peres demonstrativ sitzen. Christina Buchholz verweigerte gar die Ehrung der Holocausttoten.

Andere fahren mit einer Schiffsflottille, die angeblich humanitäre Ziele hat, bei deren Abfahrt aber *„Tod allen Juden"* gerufen wird. Politiker der Linken rufen zum Boykott israelischer Waren auf, die Abgeordnete Inge Höger tritt mit einem Schal auf, der die Region mit und um Israel ohne den jüdischen Staat zeigt. In den Demonstrationen von Roten und Grünen Linken, marschieren sie mit Muslimen und schreien *„Juden ins Gas"* und all das geschieht hier vor unseren Augen, in den Straßen Deutschlands. Die Regierung legt die Hände in den Schoß und alles schaut zu.

Was würden die Juden sagen, die 1938 die Reichskristallnacht überlebten, wenn schon wieder

83

deutsche Sozialisten vor Einkaufsläden stehen mit Schildern: *„Kauft keine Produkte aus Israel?"* Ich denke das Gleiche, was man in Entebbe zu Böse sagte.

Ja, wir nehmen wahr, was passiert. Die zunehmende Ausweitung der Boykott-, Desinvestitions- und Sanktions-Kampagnen, die sich im Aufruf zum Boykott israelischer Waren und einseitigen Anprangern Israels manifestieren, werden von Teilen der Linken tatkräftig unterstützt und gefördert - allen anderslautenden Beschlüssen und Erklärungen zum Trotz.
Der alte antisemitische Geist der NSDAP spukt noch in der Partei. Sich mit der *„beispielhaften Demonstration"* gegen Rechtsradikale in Dresden zu rühmen, wie es die Partei Die Linke tut, hilft da nicht weiter. Es ist alles nur Täuschung.

Aber was ist mit Bremen oder Duisburg? Was ist, wenn in der bremischen Linkspartei das Existenzrecht Israels als *„Hirngespinst"* bezeichnet und in Duisburg als *„läppisch"* verlacht wird? Aus solchen Formulierungen spricht skrupellose Kälte und eisige Gefühllosigkeit, die geradezu schockiert. Und Katja Kipping sagt, es gibt keinen Antisemitismus unter den Genossen.

Gemäß einer Untersuchung von 2011 mit schwerwiegendem Inhalt haben Sozialwissenschaftler eine Studie vorgelegt, wonach in der Linkspartei Antisemitismus und Israelfeindlichkeit zunehmen. Fraktionschef Gysi bezeichnete die Ergebnisse als *„Blödsinn"* und zeigt damit, wie wichtig ihm das Thema, abseits seines Lippenbekenntnisses ist.
Israel- und judenfeindliche Positionen würden in der Linkspartei *„innerparteilich immer dominanter"*, Kritiker sähen sich *„zunehmend isoliert"*, so zitierte die Frankfurter Rundschau.aber ihre Taten im höchsten Maß befremdlich

In der Untersuchung werfen die Autoren, der Sozialwissenschaftler und Antisemitismusexperte Samuel Salzborn von der Universität Gießen und Sebastian Voigt von der Universität Leipzig, der Linkspartei eine Zunahme von Antisemitismus und Israelfeindlichkeit in den eigenen Reihen vor.

Linken-Fraktionschef Gregor Gysi wies die Vorwürfe entschieden zurück. *„Die in der Studie aufgestellten Behauptungen sind schlicht Blödsinn"*, sagte er gegenüber der Mitteldeutschen Zeitung:

> *„Kritik an der Politik der israelischen Regierung ist kein Antisemitismus, wenn auch klar ist, dass man in Deutschland gerade vor dem Hintergrund der Geschichte sehr genau formulieren muss."*

Auch Linken-Sprecher Alexander Fischer kritisierte die Studie scharf. *„Die Behauptung der Autoren, die Partei 'Die Linke' toleriere antisemitische Positionen in ihren Reihen, entbehrt jeder Grundlage"*, erklärte er. *„Wir treten überall und entschieden gegen antisemitisches Gedankengut und rechtsextreme Handlungen auf."* Dazu gehöre, dass die Partei Aufrufe zum Boykott israelischer Waren klar verurteile. Warum machen sie es dann ständig?

Für diese Partei sind Hamas ja keine Terroristen, es sind politische Gefangene. Und den Unterschied kennt niemand so gut wie Die Linkspartei, denn früher hatte sie selbst mal welche. Alles, was sie tun ist, Wortklauberei, aber ihre Taten sind im höchsten Maß befremdlich.

Wie ist die Politik der Die Linkspartei zu verstehen? Bipolar oder verfolgt sie einen Plan?

Am 20.04.2015 vermeldete die taz, also ein paar Tage

vor der Palästinakonferenz, dass Gregor Gysi und seine Partei auf Distanz zu selbiger gehen. Das war natürlich erst nachdem Die Linken dafür kritisiert wurde. Die Veranstaltung war von der Hamas organisiert, es sollte die *„Endlösung"* diskutiert werden. Die taz meldete auch, dass die Linken Delegierten ihre Teilnahme alle abgesagt hätten. *„Dabei sind die geladenen Gäste gemäßigt."* Hallo? Haben die am Kot genascht? Endlösung! Muss man das etwa gerade einem Sozialisten noch erklären?

Voilà! Die Linkspartei war trotzdem dabei. Dieses Foto wurde von Bild veröffentlicht.

Abbildung 7: Quelle: Bild

Und was machten die da? Mitglieder werben. Der Mann von der Linkspartei sagte: Er solidarisiere sich gerne mit den Palästinensern. Die Linkspartei solidarisiert sich und rekrutiert Mitglieder auf einer Konferenz der Hamas, die den Tod aller Juden weltweit fordert und wo man die Endlösung der Judenfrage diskutiert? Und das Einzige was Gregor Gysi zu Anfragen deswegen zu sagen weiß, ist ein *„Die in der Studie aufgestellten Behauptungen sind schlicht Blödsinn".*

Es hieß in der Studie: *„innerparteilich immer dominanter"* und *„'Die Linke' toleriere antisemitische Positionen in ihren Reihen"*, könnte das daran liegen, dass man Mitglieder rekrutiert, die die Endlösung diskutieren? Würde das die NPD machen, wäre Die Linkspartei, die ersten die nach dem Verbot schreien und die taz sehe da eine riesige Schlagzeile auf der ersten Seite. Was aber schrieb die taz da? Die Linke distanziert sich, *„Dabei sind die geladenen Gäste gemäßigt."*, die Delegierten hätten abgesagt.

Die Delegierten hatten keineswegs abgesagt. Zumindest nicht alle. Nur eben konnte man sich so immer herausreden, man hätte sich ja distanziert, aber wenn es da welche gibt, die es trotzdem machen... Geschickt ausgedacht!

Es gibt immer noch Menschen, die dem wirren Glauben anhängen, dass Linke edel seien und Vorbildhaft. Die Anzug-Nazis im Bundestag distanzieren sich, ihre extrem radikalisierten und gewaltbereiten Aktivisten erledigen aber die Drecksarbeit. Man weist auch gerne daraufhin, dass die Antifa eine selbstständige Organisation sei, während aber die Politiker von Die Linke, SPD und Grüne diese finanzieren.

Übrigens auch der linke Tagesspiegel berichtete von der Konferenz, die aber politisch korrekt gewesen sei. Am 25.04.2015 erschien ein Artikel über die Gegendemonstranten, medienwirksam wird gezeigt das SPD Politiker (Jan Stöß und Tom Schreiber), Einer von Die Linke (Hakan Tas) Die Grünen (Volker Beck) und irgend ein unwichtiger Ex-Pirat. Damit signalisierte man eine Linke Alibifront gegen den Antisemitismus, wenn gleich Die Linkspartei drinnen die Endlösung erörtert. Und Gregor Gysi sagt: *„Die in der Studie aufgestellten Behauptungen sind schlicht Blödsinn"*. Keine Argumente und die Realität gegen ihn. Es ist das was bei der Linken immer passiert, die Vergangenheit wird vergessen, Versagen in der Gegenwart und Luftschlösser werden für eine ferne Zukunft versprochen.

Volker Beck, nicht nur das er die Hamas in Schutz nahm, Vorsitzender der deutsch-israelischen

Parlamentariergruppe, Wikipedia nennt ihn *„Menschenrechtler"*. Er wollte Sex mit Minderjährigen erlauben. Wollen Juden denn tatsächlich mit so etwas paktieren? Ich glaube mit unmoralischen und ehrlosen Menschen sollte man dies nicht tun.

Gleich neben dem Stand der Die Linke, gab es eine Fotoausstellung, auf der Journalisten gezeigt wurden, die bei Angriffen der Israelis getötet wurden. Der Witz dabei war, dass die Journalisten bewaffnet waren auf den Fotos, denn es waren Mitglieder der Qassam-Brigaden, der bewaffnete Flügel der Hamas.

Schon 2011 in Wuppertal wurde ähnlich verfahren. Die Endlösung wurde diskutiert und Die Linke war dabei. www.hagalil.com berichtete auch davon ohne auf die Teilnahme der Die Linke hinzuweisen.

Die Linke war aber auch da, als man in Berlin „Juden ins Gas" schrie. Bei jeder Kundgebung der Die Linke treten Aktivisten auf, die zum Boykott jüdischer Waren aufrufen. Immer unter dem Hinweis der gerechtfertigten Kritik gegen die Besatzungspolitik. Man sagt Juden, betont aber es gehe nur gegen Zionisten.

Und was macht eigentlich der Zentralrat der Juden? Nichts! Sie waren zwar gegen die Hamas Konferenz, doch der Umstand mit der Linkspartei wird wie immer komplett ausgeblendet. www.hagalil.com redet das Antisemitismus Problem schön und betont das Gregor Gysi ja selbst jüdische Großeltern hatte und deswegen angegriffen wird.

Bei allem Respekt vor den Großeltern, die so einen Enkel bestimmt nicht verdient haben. Da die Mutter von Gregor Gysi keine Jüdin war, ist er nach israelischen Gesetz auch kein Jude. Diese hier von Hagalil präsentierte Verteidigung (aber als Zitat von Gregor Gysi) von Halb- und Vierteljuden ist nur möglich auf der Basis der Nürnberger

Rassegesetze. Aber so offenbart sich die wahre Denkweise.

Eine angebliche Kritik, wegen seiner jüdischen Ahnen, ist mir noch nie zu Ohren gekommen, außer in der Behauptung von Gregor Gysi. Und es sieht mir sehr nach Alibi aus. Außerdem bei seiner Stasi-Vergangenheit, Korruptionsskandal und illegalen Geldtransferren der SED Gelder, dürften jüdische Großeltern wohl höchstens als Fußnummer erscheinen.

Übrigens, auch Trotzki war Jude, beteiligte sich an den Judenpogromen in der Sowjetunion, weil er meinte, religiöse Juden sind der Kreation des Neuen Menschen des Sozialismus im Wege. Dann wurde er von Stalin getötet. Scheint so, dass man sich bei Sozialisten der Juden gern als Bauernopfer bedient. Und daher sollten Juden in Deutschland mal ihre Prioritäten überdenken.

4 Als die SED um NSDAP Mitglieder warb

```
SOZIALISTISCHE EINHEITSPARTEI DEUTSCHLANDS
KREISVERBAND SONNEBERG

Nominelier Pg.

die SED, ruft Dich
zur Mithilfe am Neuaufbau Deutschlands!

Sie ruft Dich dann, wenn Du nicht aus materiell
egoistischen Grunden, sondern aus Überzeugung und
Idealismus einstmals zur NSDAP, gegangen bist,
wenn Du dorthin gingst im Glauben, das Gute, den
Sozialismus zu finden   Dann komme zu uns!
Denn was Hitler Dir versprochen hat und niemals
hielt, das wird Dir die SED  geben!
```

Früher war alles besser, da waren
Internationalsozialisten und Nationalsozialisten sich noch
nicht spinnefeind und prügelten sich auf Demos. Nein da
versuchte man noch zusammen eine bessere Welt zu
schaffen. Man besann sich schlicht und einfach auf die
Gemeinsamkeiten wie bspw. die Verstaatlichung von
Banken, Zertrümmerung von Konzernen oder Enteignung
von Grund und Boden, Juden, anstatt auf die Unterschiede
wie bspw. die Namen und Abkürzungen der Parteien, so
wie man es heute macht.

Aber dies ist auch nicht sonderlich verwunderlich,
denn immerhin erklärte jener Hitler auch schon am 1. Mai
1927[57]:

> „Wir sind Sozialisten, wir
> sind Feinde der heutigen
> kapitalistischen

---

57 vgl. Toland, 1976, S. 306

90

Wirtschaftsordnung für die
Ausbeutung der
wirtschaftlich Schwachen,
mit seinen unlauteren
Gehältern, mit seiner
Auswertung eines
Menschen nach Reichtum
und Besitz, anstatt
Verantwortung und
Leistung, und wir alle sind
entschlossen dieses
System unter allen
Bedingungen zu zerstören."

In München (August 1920) sprach Hitler über das Vertrauen zum sozialistischen Antisemitismus:

"Wenn wir Sozialisten sind,
dann müssen wir definitiv
Antisemiten sein - den
Gegner, in diesem Fall, ist
das Materialismus und
Geldwirtschaft, gilt es zu
überwinden."

Es folgte großer Applaus. Hitler fuhr fort:

"Wie, als ein Sozialist, sollte
man kein Antisemit sein
können?"

Selbst in der eigenen Partei waren sie etwas unglücklich über die Vorsitzende der Linken und ihr Bekenntnis zum Kommunismus. Allerdings weniger aus inhaltlichen Gründen, wie die halbherzigen Distanzierungen zeigen, in der Sache haben dort nur die wenigsten an den Äußerungen von Gesine Lötzsch etwas auszusetzen. Man nimmt ihr vor allem übel, dass sie den Leuten so direkt auf die Nase gebunden hat, wohin die Reise mit der Linkspartei geht, sollte sie wieder an die Macht kommen.

Von einer *„unglücklichen Formulierung"* sprach Gregor Gysi entschuldigend, wer über Kommunismus rede, müsse damit rechnen, dass andere dabei auch an Stalin und die Mauer denken würden. Ja, an was denn sonst? Etwa an die Segnungen der chinesischen Kulturrevolution, die vorbildlichen marxistischen Erziehungsexperimente in Kambodscha oder die Vorzüge der kleinen Dschungeldespotie auf Kuba?

Ihren Kinderglauben an die moralische Überlegenheit des Kommunismus hat sich Die Linke in Deutschland bis heute nicht nehmen lassen, das gilt weit über die Linkspartei hinaus. Niemand klaren Verstandes käme auf die Idee, am Nationalsozialismus noch irgendetwas Gutes zu sehen, beim Kommunismus, der anderen und größeren mörderischen Ideologie des 20. Jahrhunderts, ist das selbstverständlich anders. Der Trick besteht darin, Idee und Ausführung zu trennen.

Die Linke meinten mit Kommunismus etwas *„sehr Edles"*, sagt Gysi in schöner Unschuld, nämlich eine *„höchst gerechte und humane"* Gesellschaft. Das Ideal ist nur, ohne die entsprechende Praxis nicht zu haben. Ich bin mir aber sicher das auch der Nazi vom Nationalsozialismus spricht und an etwas *„sehr Edles"* denkt. Oder meint jemand im Ernst, dass Nationalsozialismus und Sozialismus nichts miteinander zu tun hätten? Dagegen spricht bereits das *Sozialismus* im Namen.

Die Führungsspitze der NSDAP formierte sich aus vielen linken Politikern und gibt damit zu erkennen, dass der Nationalsozialismus eine linke Bewegung war. Der Nationalsozialismus, der Staat und Mensch komplett umkrempelte, wie es Rot-Grün ja auch machen will, hat wohl sicherlich keine konservative Ader, sondern die des Revolutionärs. Das würde auch damals klar so verstanden, Dr. Joseph Goebbels schrieb in seinem Buch Der Angriff (1931) folgendes:

„Der Idee der NSDAP

*entsprechend sind wir die
deutsche Linke... Nichts ist
uns verhasste als der
rechts stehende nationale
Besitzbürgerblock."*

Die Muslimbruderschaft, die sich 1928 in Ägypten gründete, sah kein Unterschied in der Diktatur in Deutschland, oder dieser *„sehr edlen"* Sache, die die Kommunisten in der Sowjetunion zur selben Zeit abzogen, und versuchten sich mit beiden anzufreunden. Die NSDAP sah ihren primären politischen Gegner dort, wo ihn auch die Linken sahen.

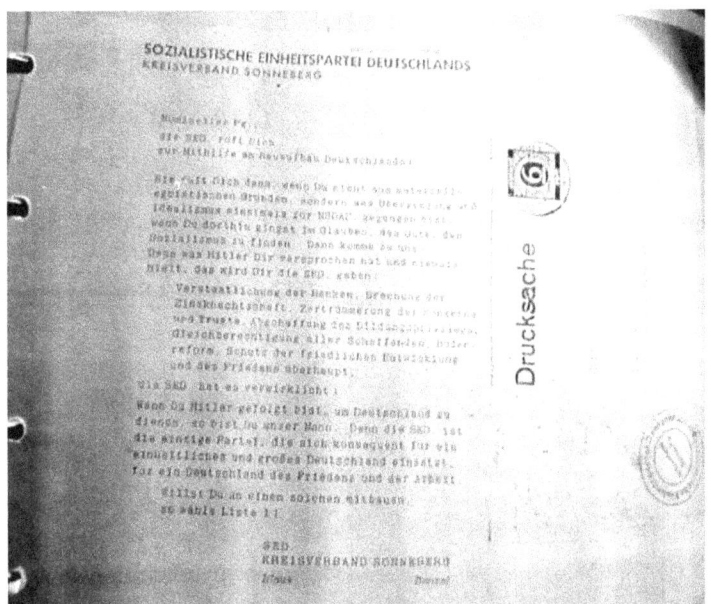

Das Regime der NS Zeit entsprach vielmehr dem Stalinismus als denn dem italienischen Faschismus. Und wie die Linken von heute schadete die NSDAP Deutschland katastrophal. Der Unterschied lag einzig darin, dass die NSDAP den Sozialismus einzig auf Nationalebene wünschte, während die anderen linken Bewegungen den internationalen Weg gingen.

Dieses Dokument der ersten Nachkriegszeit, das ein Verfolgter des DDR-Regimes beim Recherchieren in Archiven fand, belegt eindrucksvoll die geistige Verwandtschaft der internationalen mit den nationalen Sozialisten.

Die DDR bot ehemaligen NSDAP-Mitgliedern bereits mit der 1948 durch die sowjetische Militäradministration in Deutschland (SMAD) gegründete Partei NDPD eine neue politische Heimat.

Der Aufruf des SED-Kreisverbandes Sonneberg ist ein entlarvendes Beispiel, wie nahe sich die Sozialistische Einheitspartei Deutschlands der National-Sozialistischen Deutschen Arbeiter Partei Hitlers fühlte.

Der Appell der Kreisverbandsleitung richtet sich explizit an den Bürger, der *„aus Überzeugung und Idealismus einstmals zur NSDAP gegangen"* ist, wenn er *„dorthin ging im Glauben, das Gute, den Sozialismus zu finden. Denn was Hitler Dir versprochen hat und niemals hielt, das wird Dir die SED geben."*

Wie nahe sind sich doch braun und tiefrot! Und da bekommt es dann ganz neue Dimensionen, wenn Gregor Gysi sagt, der Linke denkt an etwas *„sehr Edles"* wenn er vom Kommunismus spricht. Die absolut sozialistischen Versprechungen, die Hitler laut SED niemals hielt und die Mauermörderpartei zu erfüllen gedachte, sind gemäß dieses Sozialisten-Schreibens:

> *„Verstaatlichung der*
> *Banken, Brechung der*
> *Zinsknechtschaft,*
> *Zertrümmerung der*
> *Konzerne und Truste,*
> *Abschaffung des*
> *Bildungsprivilegs,*
> *Gleichberechtigung aller*

94

Schaffenden, Bodenreform,
Schutz der friedlichen
Entwicklung und des
Friedens überhaupt."
Wenn sie also dasselbe wie Hitler tun wollten, wie können sie sich ernsthaft als Antipol bezeichnen? Und jetzt Achtung: *„Wenn Du Hitler gefolgt bist, um Deutschland zu dienen, so bist Du unser Mann."* Wen wundert es, wie schnell Extremisten vom einen ins andere Lager wechselten und dies auch heute noch tun. Damals machten Goebbels und Freisler von den Kommunisten den kleinen Schritt seitwärts zu den Nazis, wo ein Eichmann sich ohnehin schon *„politisch links"* fühlte.

In der DDR wurden die alten Nazikader problemlos in die SED integriert, eine Entnazifizierung wie im Westen fand dort nie statt. Aus HJ wurde FDJ, aus Gestapo Stasi, aus SA wurde Antifa und aus NSDAP SED. Das *Neues Deutschland* gibt es immer noch! Ist vielleicht nicht so schlimm, eine Satire Zeitschrift mehr oder weniger, was macht das schon. Aber stellen Sie sich mal vor, der Stürmer würde noch immer am Kiosk ausliegen. Einige Jahrzehnte später mutierte RAF-Mitbegründer Horst Mahler zum holocaustleugnenden NPDler. In die andere Richtung trippelte der Ex-Nazi Felix Benneckenstein, der jetzt als „Aussteigehelfer" zusammen mit extremen Linken unbescholtene Bürger aus der Mitte der Gesellschaft tyrannisiert.

Ich dachte zunächst an einen Witz, als die Gleichsetzung der DDR als Unrechtsstaat, infrage gestellt wurde. Natürlich kam das aus den Reihen der üblichen Verdächtigen vom Linkenspektrum und denen die sich zumindest in der Öffentlichkeit, als Linke darzustellen versuchen.
Unverständlich blieb mir die Reaktion der bürgerlichen

Parteien, die Aufforderung der Linkspartei: Wie definiert man einen Unrechtsstaat, zu beantworten. Das Schweigen wurde als Sieg gewertet, der Sieg nämlich, aus der DDR eine saubere Demokratie zu machen. Und das wurde in Facebook bei Linkspartei und Katja Kipping so weit erklärt, dass man dort Aussagen fand wie:

Die Äußerungen wurden nicht belegt, da der Unrechtsstaat kein juristischer Begriff ist. Im Gesetz ist er nicht verankert. Es gibt also keinen Unrechtsstaat.

Ja, mit den Gesetzen kennt man sich aus, es gibt auch eine Reihe von Juristen bei der Linksfraktion. Wie zum Beispiel den Herrn Gysi, der seine Mandanten an die Stasi verriet. Bei der Linkspartei hört sich das schon ein bisschen anders an, da nämlich war der Herr Gysi einer, der die Repressalien der SED-Regierung zu bekämpfen suchte. Erstaunlich, was bei der Linkspartei alles als Widerstand verstanden wird, sogar die Kollaboration mit der Diktatur, ist eigentlich Widerstand.

Neben dem juristischen Gesetz kennt die zivilisierte Menschheit auch ein moralisches Gesetz. Das wiederum ist bei der Linkspartei ein absolut unbekanntes Neuland.

Ich versuchte das völlige Versagen in der Argumentation der bürgerlichen Parteien wegzumachen und suchte den Dialog bei der Linkspartei. Die Reaktion war sehr überraschend! Keine Antwort sondern Morddrohungen, gegen mich und meine Familie.

Wenn also so etwas wie ein Unrechtsstaat nicht existiert, da es juristisch nicht definiert ist, gilt das auch für das Dritte Reich? Wenn nein, wo ist die juristisch definierte Grenze?

Ich sehe hierbei das zweite Problem der deutschen Linken, neben der völligen Ignoranz der Moral, ein grundsätzlicher Antisemitismus. Der Antisemitismus wird zwar übertüncht, durch die Verwendung der Begriffe Zionist, aber manchmal, wenn die Emotionen hochschlagen, bricht er offen zutage und endet mit: „Juden ins Gas". Und diese Leute wollen uns erklären, was Recht und Unrecht ist?

Die DDR war also kein Unrechtsstaat? Was war denn die DDR eigentlich? Wie ging denn die DDR beispielsweise mit Ausländern um? Als jemand, der in der DDR aufwuchs und schon damals nicht seine Klappe hielt, erinnere ich mich noch sehr gut daran. Ehen von DDR-Bürgern mit Ausländern waren unerwünscht und mit Schwierigkeiten belastet, nur wer sich davon nicht abschrecken ließ, führte die Behörden letztlich an den Punkt, das man eine Eheschließung nicht negieren konnte ohne als Rassist dazustehen. Bi-nationale Ehen kamen in der angeblich durch und durch faschistisch durchwachsene BRD ungleich häufiger vor.
Sozialistische Bruderstaaten durften zwar in der DDR studieren wurden aber an bestimmten Punkten untergebracht, die einen Kontakt zu Einheimischen erschweren sollten, zum Beispiel abgelegen von Ortschaften. Kontakte waren nur, überwacht von Partei und „Horch und Guck" organisiert, möglich.
Diese typische DDR-Politik machte den Arbeiter und Bauernstaat ganz eindeutig zu einem Nationalstaat. Und das die DDR auch noch ein sozialistischer Staat war, wird bei der Linkspartei gar nicht abgestritten, sondern - erschreckenderweise - gefeiert.

Der Nationalsozialismus entstand in Böhmen, und zwar 1896, als tschechische Sozialdemokraten, die den Sozialismus auf internationaler Ebene als irrealistische Utopie empfanden, unter der Führung von Klofac, Stribrny und Franke eine nationalsozialistische Partei gründeten. Ihr Führer wurde 1919 Eduard Benes, ein Nationalsozialist von echtem Schrot und Korn, der schon 1943 im Exil erklärte, dass man Hitler nachahmen müsse.

Erst am 5. Mai 1918 in Wien wurde die *DAP* in *Deutsche Nationalsozialistische Arbeiterpartei* umbenannt. Ihr Programm war eindeutig links. Es war offen gegen die Donaumonarchie gerichtet, antihabsburgisch, antiaristokratisch, antiklerikal, antikapitalistisch und - einziger Unterschied zu ihrem tschechischen Vorbild auch antisemitisch. Die Namenserweiterung fand - am 100. Geburtstag von Karl Marx statt.

Bei der Räterepublik war auch Adolf Hitler dabei. Hitler diente in München mit roter Armbinde unter den Kommunisten.[58]

Der aus Böhmen ausgewiesene Ingenieur Rudolf Jung überredete Hitler, der in München auch einer *Deutschen Arbeiterpartei* angehörte und beabsichtigte, ihr die Bezeichnung *„sozialrevolutionär"* zu geben, sie lieber *„nationalsozialistisch"* zu nennen. Jung überzeugte ihn auch, die rote Fahne als zugkräftiges Symbol zu benutzen.

Goebbels bekannte sich sogar noch 1926 als *„deutscher Kommunist"* und erklärte 1933 dem *Petit Parisien* in einem Interview, dass die Deutsche Revolution das Ambivalent zur Französischen sei.

Gerade der Linksdrall der NSDAP trieb Goebbels zur Aussage:

„Wir sind Antisemiten, weil wir Sozialisten sind."

War es doch auch das Programm der Braunen, den *„bürgerlichen Klassenstaat zu zertrümmern"*, wie Hitlers bis in den Tod treuester Paladin, Goebbels, es geplant hatte.[59] Ja aber, fragt vielleicht der naive Zeitgenosse, haben die Braunen nicht dennoch behauptet, *„rechts"* zu stehen? Keine Spur!

Goebbels erklärte am 6. Dezember 1931, dass man die *„deutsche Linke"* verkörpere und den *„bürgerlichen Nationalismus"* verachte. Kann das deutlicher gesagt

---

58 siehe J. Fest: "Hitler", 1973, S. 122 – Fest war übrigens ein guter
   Freund von Meinhof
59 siehe sein "Der Nazi-Sozi", S. 10

werden? Wie sollen die denn Rechte, also Konservative sein, wenn die alles ändern? Die haben das getan, was die Linke uns derart so schmackhaft machen will, eine sozialistische Revolution. Und wir sind sogar bereits darin. Zerstörung der Familie, der Sitten, Moral und Tradition, das Bürgertum wird zerstört, Trotz vieler Parteien haben wird faktisch eine Einheitspartei, da alle denselben Mist verzapfen, die Medien sind gleichgeschaltet.

Von Albert Speer wissen wir, wie sehr Hitler später bereut hatte, den Rechten Franco und nicht die ihm viel sympathischeren Rotspanier unterstützt zu haben. Zudem betrachtete Hitler den Nationalsozialismus als eine *„auf exakter Wissenschaft aufgebaute Volksbewegung"*, eine Formel, die sicherlich auch Lenin hätte benützen können.

Nun erfährt man aber in Goebbels *Tagebuch* (II. 14), dass es, wie ihm Hitler verriet, nach einem Endsieg des Dritten Reichs allen konservativen Kräften, vor allem dem Christentum, an den Kragen gegangen wäre. Es war schließlich, wie Dahrendorf sagte, die Moderne, die 1933 in Deutschland ihren Einzug gefeiert hatte, während die Rechte, die Reaktion am 20. Juli 1944 das so linke *„Rad der Geschichte"* zurückdrehen wollte, was aber leider nicht gelang.

In einem sehr guten Aufsatz hat der sächsische Ex-Justizminister Steffen Heitmann[60] den Unterschied zwischen Rechts und Links herausgearbeitet.

Rechts steht demzufolge für Persönlichkeit, Vertikalität, Transzendenz, Freiheit, Subsidiarität, Föderalismus und Vielfalt, Links für Kollektivismus, Horizontalismus, Materialismus, Gleichheit-Nämlichkeit, Zentralismus und Einfalt (in beiden Sinnes des Wortes). Hier muss man auch bemerken, dass Freiheit und Gleichheit Gegensätze sind, denn Gleichheit ist unnatürlich

---

60 siehe Deutschland-Magazin 7/97

und kann lediglich in der Tyrannis künstlich geschaffen werden. Nur Sklaven sind gleich.

Ein Rechtsstaat zeichnet sich dadurch aus, wie er gegründet wurde (Ansicht G. Gysi) Ich hätten bis vor Kurzem nicht gedacht, dass es zwei Meinungen zu einem Staat gibt, der seine Bürger an der Grenze abknallt, der sie bespitzeln lässt, Zwangsadoptionen durchführt und jeden, der nicht auf Linie ist, ohne Gerichte zu bemühen ins Gefängnis wirft. Ich haben mich offensichtlich geirrt. Die Linken machen das! Denn fragt man Gregor Gysi, ob die DDR ein Unrechtsstaat war, dann antwortet dieser:

> *„Wenn ich die DDR als Unrechtsstaat bezeichne, dann erkläre ich, dass die drei Westmächte das Recht hatten, die Bundesrepublik zu gründen, die Sowjetunion aber als Antwort nicht das Recht hatte, die DDR zu gründen."*

Die BRD war aber gegründet worden unter der Prämisse: Alle Deutschen zu vertreten und uns wäre vieles erspart geblieben, wenn die DDR nicht dazwischen gekommen wäre. Und darum ist es, warum die DDR immer diesen Komplex hatte, sich als das bessere Deutschland darzustellen und aus der BRD eine Nazi-Gesellschaft zu machen. Ich für mein Teil bin froh darüber, dass die DDR verreckte.

Gregor Gysi versucht doch tatsächlich zu erzählen, dass sich ein Unrechtsstaat nicht dadurch auszeichnet, wie er sich als Staat gegenüber seinen Bürgern verhält, sondern wie er gegründet wurde? War Nazi-Deutschland wirklich kein Unrechtsstaat, weil die NSDAP anfangs demokratisch gewählt wurde? Das möchte Ich lieber nicht glauben, aber es sagt doch viel über die Logik der

Linkspartei aus!

Aber mit solch kruden Antworten zum Unrecht in der DDR steht Gregor Gysi nicht alleine da. Ina Leukefeld: Das positive Beispiel der kritischen Vergangenheitsbewältigung?

Maybrit Illner, ehemals bei der Aktuellen Kamera, fragte in ihrer Sendung vom 23.10.2012 den stellvertretenden Fraktionschef der Linken, Dietmar Bartsch, was man denn davon halten soll, dass ehemalige Stasimitarbeiter heute für die Linke im Thüringer Landtag sitzen. Er antwortet mit dem Beispiel Ina Leukefeld (zur Information: Die Landtagsabgeordnete hat als IM Sonja anderthalb Jahre lang Berichte über Personen aus ihrem Umfeld erstellt.):

> *„Sie hat sich mit ihrer Vergangenheit kritisch auseinandergesetzt, sehr kritisch. Das ist heute noch so. […] Und wir sind der Auffassung, dass das der richtige Weg ist."*

Erinnert das nicht an das Integrieren von Nazis in der neu gegründeten BRD?

Wie wir alle wissen, kann Kritik sowohl positiv, als auch negativ sein. An und für sich bedeutet *„sich kritisch mit etwas auseinandersetzen"* nichts anderes, als, dass man etwas beurteilt. Die Landtagsabgeordnete IM Sonja hat genau dies getan und kam, schon 2009, zu folgendem Urteil über ihre Spitzelvergangenheit: *„Ich schäme mich ein Stück weit dafür."* [61]

Wir sehen also, zum einen ist die Führungsspitze der Linken der Überzeugung, dass die DDR kein Unrechtsstaat war und die Mitglieder, die nachweislich Stasispitzel waren verurteilen nicht etwa ihr eigenes Verhalten, nein sie schämen sich ein Stück weit dafür. Das ist die Linke 2014, welcher die Grünen und die SPD zur Macht verhelfen

---

61 Quelle: www.mz-web.de

wollen. Das ist die offizielle Nachfolgepartei der SED, die 25 Jahre nach dem letzten Mauertoten ein Bundesland regieren soll. Das ist die Linke, die sich nach eigenen Angaben kritisch mit der eigenen Geschichte auseinandergesetzt hat, um *„zu besseren Einsichten und besserem Handeln zu kommen."* Natürlich darf es in Deutschland keinen gewalttätigen Mob geben, der prügelnd und Naziparolen schreiend durch Innenstädte zieht. In dem Punkt ist sich der überragende Großteil unserer Gesellschaft einig und vor allem ist dieses Verhalten auch schon strafrechtlich verfolgbar. ABER was es genauso wenig geben darf, ist eine Regierungspartei, die in ihrer 68-jährigen Parteigeschichte auf 40 Jahre willkürliche menschenverachtende Diktatur zurückblickt und nicht der Meinung ist, dass dieser Staat für den sie die alleinige Verantwortung getragen hat, ein Unrechtsstaat war. Genauso wenig wie eine Partei in der Personen verantwortliche Stellen innehaben, die nachweislich Stasispitzel waren, und ihre maximale Reaktion darauf ist, dass sie sich dafür ein Stück weit dafür schämen. Solange darüber kein gesellschaftlicher Konsens herrscht, kann ich nicht anders, als ab und an drauf hinweisen, was das letzte Mal passiert ist, als diese Partei mit ihren Spießgesellen Macht hatte. Keinen Fußbreit den Linken Faschisten!

5 Moderner Antisemitismus ist typisch Linksradikal

Gewiss wird man mir darin übereinstimmen das der Antisemitismus und zionistische Verschwörung (bei den Sozialisten) bzw. jüdische Verschwörung (bei den Nationalsozialisten) ein elementarer Bestandteil (national)sozialistischer Ideologie sind. Es lohnt sich diese genauer anzusehen. Dazu bediene ich mich der Ansichten des israelischen Professors Israel Shahak, warum? Zum einem, weil er ein anerkannter Menschenrechtler war, dessen Ansichten von denselben Arabern genutzt werden. Seine Bücher werden von *Radio Islam* empfohlen. Zum anderen wird er auch gern von den Linken benutzt, um Israel zu kritisieren, denn er war Antizionist, wobei seine gleichzeitige Kritik an den arabischen Organisationen oder den Linken außer Acht gelassen wird, denn Shahak wendet sich gegen Extremismus und weist auf beiden Seiten dieselben totalitären Züge auf. Letztlich möchte ich mich aber auch auf ihn beziehen, da er ein Holocaustüberlebender war.

Antisemitismus ist keine Erfindung Hitlers, sondern existierte bereits zur Zeit der römischen Kaiser. Allerdings gab es eine gewaltige Umformung dessen Basis in der modernen Zeit, im modernen Staat. Er nahm hier eine neue Entwicklung und Form an, im Einklang mit der Französischen Revolution.
Man versucht es aus der Geschichte zu eliminieren, aber es ist dennoch so, dass der Antisemitismus der Moderne sich der Argumentation der aufstrebenden Linken bediente. Die Ideologen der Nationalsozialisten in Deutschland entwickelten dabei fast gar nichts Neues, sondern bauten lediglich den bestehenden Judenhass der

Linken aus. Niemand kann wohl ernsthaft behaupten, dass Bild des Wuchernden und Geld scheffelnden Juden sei, eine Erfindung der Kapitalisten und Besitzbürger. Auch wenn diese durchaus antisemitische Ansichten haben konnten, war es ein anderer, subtilerer und nicht - und vor allem - rassisch begründeter. Das war einzig die Errungenschaft der Neuen Linken. Den Aspekt der Rasse, gegen Juden schaffte die politische Linke. Dass sie die Religion verneint, war sie gezwungen ihn materialistisch zu begründen, daher reduzierte man seine Möglichkeiten auf „Nation" oder „Rasse". Da der internationale Sozialist aber auch dem Juden die Nation nicht zugestehen will, im Gegensatz zu Nationalsozialisten, bleiben nicht mehr viele Optionen übrig.

Vor 1780 verstand man unter Jude hingegen lediglich ein religiöses Bekenntnis, welches man annehmen oder ablegen konnte. Zum Beispiel England, wohin die Juden gelangten, weil Wilhelm der Eroberer sie als Teil der französischsprachigen Herrscherklasse mitbrachte. Sie sollten den Adligen Kredite gewähren, mit denen diese ihre Lehnsabgaben zahlen konnten. Die Lehnsabgaben waren in England sehr hoch. Heinrich II war der wichtigste Schutzherr der Juden. Mit der Magma Carta aber begann ihr Abstieg. Die Situation verschlimmerte sich während des Konfliktes der Barone mit Heinrich III. Während der vorübergehenden Beilegung dieses Konfliktes durch Eduard I. kam es zur Vertreibung der Juden. Allerdings nicht, weil sie Juden waren, sondern wegen ihrer Funktion als Machtstütze des Königs.

Im 11. und 12. Jahrhundert erlebte das Judentum eine Blüte, die einherging mit dem Aufstieg regionaler Fürstentümer. Ludwig II. der Heilige war ihr wichtigster Gönner hierbei. Was heute alle überrascht, und so absolut nicht ins gängige Weltbild des heutigen Menschen passt, da entstellt durch linke Intellektuelle, ist, dass die Juden *paraschim* genannt wurden. Dies aber ist ein hebräisches Wort und bedeutet Edelleute.

Rabbenum Tam einer der wichtigsten französischen Rabbiner wies die damaligen Juden an, sich nur in jenem Fürstentum niederzulassen, wo der Fürst ihnen Privilegien gewährte, die denen der Edelleute ähnelten. Der Niedergang der französischen Juden begann mit Philipp II. Augustus. Und das just im Moment, als dieser ein Bündnis mit den sich formierenden Kommunen in den Städten bildete. Diese Politik verstärkte sich unter Philipp IV. dem Schönen, genau dieser stärkte die Kommunen und gilt als Schöpfer der französischen Nation. Er war es auch der die Stände einbezog, wie später bei der Französischen Revolution. Der unfähige König war hoch verschuldet bei Juden, um sie nicht bezahlen zu müssen veranstaltete er Pogromen. Dies aber geschah der Schulden wegen, und dann rechtfertigte er es mit obskuren Beschuldigungen, die von den Kommunen aufgenommen wurden und weitergetragen und entwickelt wurden. So die Legende vom Kindermord, sie entstand unter diesen Umständen. Diese Legenden waren zur Zeit der Französischen Revolution immer noch im Umlauf und weitgehend akzeptiert. Und waren noch 2014 dem Jürgen Todenhöfer recht und billig einen gefälschten Bericht über den Gazakonflikt zu machen.

Eine besondere Blüte erlebten die Juden im Kirchenstaat, und setzt sich in der italienischen Kleinstaaterei fort. Das gilt auch für das Königreich beider Sizilien, bis zur Vertreibung 1540 durch die Spanier.

Interessanterweise gerade in den großen italienischen Handelsmetropolen spielen Juden gar keine Rolle, was uns die gängige Geschichte über Antisemitismus als in der moderne implantierte propagandistische Lüge offenbart.

Eine besondere Betrachtungsweise verdient die

Situation auf Iberien. Erstens, weil die große Vertreibung spanischer Juden, als das große Paradebeispiel christlichen Antisemitismus dient und zum anderen um eine geschönte Geschichte über die Toleranz des Islam zu etablieren. Beides sind Fälschungen linker Intellektueller und Muslime. Die Juden im Süden Spaniens waren durch die Muslime extremer Repressalien ausgesetzt und zog deren Auswanderung in die christlichen Staaten nach sich. Das kontinuierliche Vordringen der Muslime erweckt aber den Eindruck einer stabilen jüdischen Gemeinde.

Heute versucht man uns einzureden das der Judenhass der Muslime plötzlich vom Himmel fiel, als die Zionisten in Palästina auftauchten. Das soll suggerieren, wie typisch im Antisemitismus, der Jude ist schuld.

Saladins oft gerühmt Toleranz basierte nicht auf Liebe zu Juden, oder charakterliche Eigenschaften, sondern machtpolitisches Kalkül, das ihm von den Juden abhängig machte. Zuerst in Ägypten wegen seiner Rebellion gegen seinen Herrscher, dann auf dem Thron, weil ihn die anderen Muslime als Usurpator betrachteten, außerdem war er kein Araber, sondern Kurde, was erschwerend hinzukam. Der Araber ist sehr rassistisch und von einem Kurden beherrscht zu werden war unerhört.

Ähnlich war es im Osmanischen Reich. Dort war man keineswegs Liebhaber der Juden, sondern bedurfte ihrer wegen der besonderen politischen Umstände.

Die Herrschaft der Osmanen beruhte auf dem Ausschluss der Türken und aller, die als Muslim geboren worden waren. Für diese war die Bekleidung politischer Ämter ebenso verboten, wie Posten im wichtigsten Teil der Armee, die Janitscharen. Bei diesen Eliteeinheiten handelte es sich um die von Christen entführten Kinder, die zu Soldaten gedrillt wurden. Aus dem simplen Motiv heraus keine Muslime zu sein standen den Juden politische Ämter offen. Das bedeutet aber nicht das die Juden so beliebt bei den Muslimen gewesen wären.

Beim Aufbrechen dieses Systems und der Zulassung von Muslimen zu wichtigen politischen Ämtern tritt umgehend der Niedergang der jüdischen Gemeinde ein, der aber nicht abrupt geschah, wegen des unvölkischen Charakters des Osmanischen Reiches. Dieser Punkt ist äußerst wichtig, weil die Lage der Juden unter den Osmanen von den heutigen Muslime und Linken, völlig unreflektiert und die besonderen Umstände außer Acht lassend, in einer völlig naiven Weise betrachtet wird. Und die angebliche Toleranz des Islam auf reine Schlagwörter reduziert wird. In keinem christlichen Staat erlangten die Juden eine höhere gesellschaftliche Stellung, als in Spanien. Sie waren hohe kastilische Beamte und regelte den Staatshaushalt der Könige, oder dienten ihnen als Diplomaten. Peter I. übertrug den Juden das Recht zur Inquisition gegen jüdische Häretiker. Zum Beispiel wegen der Sekte der Karäer. Und das war gut hundert Jahre vor dem Einsetzen der berühmten katholischen Inquisition.

Die Ablehnung der Juden in Spanien war immer mit dem plebejischen Teil der Kirche verbunden und steht in Zusammenhang mit ähnlichen Entwicklung wie in Frankreich, unter Philipp IV.

In Spanien betrifft das die Herrschaft von König Heinrich II. (1369-1379). Dieser hatte nach einem Bürgerkrieg seinem Bruder Peter I. den Thron abgenommen. Da die Juden aber Peter unterstützt hatten, misstraut er ihnen natürlich.

Die auflebenden völkischen Bewegungen trugen die Skepsis gegen Juden, als Kräfte der reaktionären Herrschaft weiter. Alles gipfelte in der Herrschaft von Ferdinand und Isabella und der Austreibung der Juden, durch den Großinquisitor Torquemada. Doch dies muss auf anderen und persönlichen Motiven begründet werden, denn Torquemada war ein zum Christentum konvertierter Jude.

107

Eine rassische Motivierung liegt bei ihm kaum vor, auch, da er die Juden nicht auswies, weil sie Juden waren, sondern er wies nur jene aus die das Christentum nicht annehmen wollten. Es ist also eine Frage des Glaubens, nicht der Rasse, im Gegensatz zu den Pogromen während der Französischen Revolution.

Mit dem modernen Staat erfolgte auch eine enorme Umwandlung in den jüdischen Gemeinden, die von den gesellschaftlichen und politischen Umwälzungen ergriffen und fortgerissen wurden. Zuvor lebten Juden in freiwilliger Abschottung unter der Macht ihres Rabbiner. Die neuen Individualrechte verschafften auch den Juden mehr Freiheit und entrissen sie der Macht der Gemeinden. Die oftmals auch erzwungenen Öffnungen wurden aber nicht immer positiv aufgenommen. So wie im Fall von Metternich, der von den Rabbinern deshalb Antisemit genannt wurde, weil er den Juden dieselben Rechte und Pflichten übertrug, wie jedem anderem Staatsbürger.

Damit aber entriss er den einfachen Juden der Macht der Rabbiner. Er hat sie also integriert und gewisse Politiker sollten sich das bei ihrer Islampolitik vor Augen halten.

Wie zu erwarten wäre, taucht der moderne Antisemitismus auch zuerst in Frankreich auf. Von dort aus wurde Deutschland infiziert. Dann erst Russland. Dies geschah gegen 1870.

Aus zuvor genannter Logik heraus ist die unter jüdischen Sozialisten verbreitete Ansicht, der neue Antisemitismus kam mit dem Kapitalismus, abzulehnen. Beruht wohl darauf sich, als Jude und Sozialist, selbst zu rechtfertigen.

Die erfolgreichen Kapitalisten in Europa nahmen nahezu keinen Anstoß an Juden. Wenn man das in England und Belgien, wo der Kapitalismus zuerst angenommen wurde, vergleicht, findet man so gut wie keinen modernen Antisemitismus.

Die Neue Linke, die nach Art einer Psychosekte alles Konservative und traditionelle verteufelt, sah in den abgeschotteten Judengemeinden, den Träger des alten Systems, das man überwinden wollte. Reaktionäre Bestrebungen wurden auf die Juden zurückgeführt, die sich der neuen Gesellschaft durchaus ablehnend gegenüberstellten.

Von Anbeginn waren die Linken, die sich neben wenigen Intellektuellen aus dem dumpfen Pfuhl der untersten Schicht rekrutierte, Anhänger von Verschwörungstheorien. Das half ihnen, die aggressiven Bestrebungen zu kontrollieren und auszunutzen. Um ihre eigenen korrupten Politiken zu verbergen, benutzten sie sich der Juden als Sündenböcke. Sie stellten sie dar, als wären sie die Rückzugsbasen der französischen Reaktion. Sie taten es aber auch, weil sie die Judengemeinden als Störfaktor für die Schaffung des Neuen Menschen sahen.

Um den gesellschaftlichen Unterschied eines jüdischen Musikers und Bankiers zu überbrücken, bedient man sich nun der Begründung der jüdischen Rasse. *„So sind die Juden!"* Um dieses Rassendenken zu verschleiern, spricht die heutige Linke gern vom Israeli oder Zionist, denkt aber Jude.

Dahingegen waren frühere christliche Abneigung gegen Juden religiös bedingt. Begriffe wie Rasse, oder Nation hatten im Mittelalter keine Bedeutung.

Der gegenwärtige muslimische Judenhass hingegen ist rassisch begründet und entspricht daher der Ideologie der Linken. Das wichtigste Motiv der Linken war die Rolle der Juden in der alten, nun reaktionären Gesellschaft. Sie wurden als deren Träger und Garant gesehen, die der Schaffung deren neuen Ordnung hinderlich waren. Beim Scheitern der neuen Gesellschaft dienten die Juden als Grund.

In vielen Ländern Europas konnten Juden, sobald sie zum Christentum übergetreten waren, sich sogar mit hohen Adligen verheiraten. Ein derartiger gesellschaftlicher Aufstieg war für einen christlichen Leibeigenen oder Freibauern undenkbar. Das angesprochene Phänomen ist extrem verbreitet gewesen im Adel von Aragon und Polen. Dies aber kam nicht bei Bauern oder Kaufleuten vor, die sich nicht in den Adel einheiraten durften. Daher kann man den Stand der Juden als potenziellen Adligen bezeichnen.

Der rassische Judenhass ist das primäre Erkennungsmerkmal des modernen Antisemitismus im Zuge der Französischen Revolution. Es waren Vertreter der Kirche, die das erkannten, als der Antisemitismus bereits erstarkt war.

Der Antisemitismus erstarkte immer dort, wo linke Ideologen wachsen konnten. Wir können das Nachvollziehen im Fall von Edouard Drumont der mit dem Buch *La France Juive*, 1886, als der erste antisemitische Autor der moderne gilt. Er war einer dieser Linken und propagierte den rassischen Antisemitismus. Es war die katholische Kirche, ebenfalls Bild der Reaktion, die sich diesem neuen Trend entgegen stellte.

Als dieser neue Antisemitismus dann Deutschland überschwemmte, finden wir ähnliche Reaktionen bei der katholischen und lutherischen Kirche. Freilich gab es später auch konservative Gruppen, die sich dieses Antisemitismus bedienten, wenn es ihnen dienlich war. Es änderte aber nichts daran, dass die Basis des Autors Drumont eine Linke war, sondern dient lediglich der modernen Linke sich gegen mein Buch zu stellen. Der Autor, als Linker, greift in seinem Buch am härtesten den Adel an, der die Juden akzeptierte, und die katholische Kirche in Frankreich die Juden beschütze. Später bedienten sich die Nationalsozialisten in Deutschland daran, um ihren Antisemitismus wissenschaftlich zu belegen. Die Nationalsozialisten sahen

110

keinerlei Problem damit, sich eines linken Intellektuellen zu bedienen. Und das liegt daran, das es für die Nationalsozialisten nicht den geringsten Zweifel gab, dass sie Linke waren. Außerdem sahen sie neben den Juden, ebenso im Adel, Besitzbürgertum und katholische Kirche ihren Feind, insbesondere im Bezug auf die Kreation des Neuen Menschen. Zwei wirklich Rechte Zeitgenosse Hitlers waren Stauffenberg und Schindler gewesen.

Allerdings nutzten gerade der französische Hochadel und Kirche die Dreyfuss Affäre. Das ist richtig! Aber sie taten es, weil sie darin, wohl wissend der Falschheit des Vorfalls, eine Chance sahen, der Republik, zu schaden. Diese unheimlichen Bündnisse begegnet man häufiger noch nach der Niederlage des Nationalsozialismus und wohl bis zur Gegenwart, wenn ich mir den Zentralrat der Juden so ansehe. Aber das wäre ein anderes Thema.

Ein anderer Schwindel liegt bei der französischen Résistance: *„Der Widerstand der französischen Linken".* Mit diesem Unsinn gibt sich die Linke die Ehrenrettung und schmückt sich mit fremden Federn. Es handelt sich um eine Organisation von Leuten, die aus ganz Europa kamen, um die deutsche (national)sozialistische Besatzung in Frankreich zu sabotieren. Niemand sah in diesem Widerstand eine linke Organisation, auch war das Parteibuch keine Bedingung. Es waren einfach Leute, die den Totalitarismus bekämpften, der sich als Geist der Vergangenheit gegenwärtig erneut und unter anderen Namen in deutschen Parlamenten formiert. Und der Hass der Konservativen, auf die ihm fremden Radikalen, speziell jeglicher Form des Sozialismus, machten sie empfänglich für das jüdische Bauernopfer. Das Verhalten der Konservativen gegenüber des neuen Antisemitismus war abhängig von der Tradition in den Regionen.

111

Das die katholische Kirche antisemitisch gewesen wäre, ist pure Propaganda der Linken, um sich in Unschuld zu waschen. Und beruht auf dem Unwissen darüber, wie die Kirche funktioniert.

In Frankreich, in Polen und Slowakei verhielt die Kirche sich oft opportunistisch. Nicht aber in Italien und Böhmen. Aber wir reden von Tendenzen, nicht festen Verhaltensformen. Das Ganze war oftmals bedingt vom örtlichen Pfarrer und seiner Entscheidung.

Ebenso verhält es sich mit den Orthodoxen. In Rumänien finden wir einen starken Antisemitismus, in Bulgarien aber genau das Gegenteil.

Im Bezug auf die protestantische Kirche war keine so extrem widersprüchlich, wie die Deutsche. Aber irgendwie erinnert es an die Gegenwart.

In Lettland und Estland fand man einen latenten Antisemitismus. Luther freilich wetterte gegen Juden, aber die protestantische Kirche war wieder eine proletarische Bewegung gewesen.

Dahingegen waren die holländischen, schweizer und skandinavischen Protestanten extrem gegen den Antisemitismus eingestellt.

Aus propagandistischen Gründen sprechen die heutigen Linken, wohl wissend um die Wurzeln des Antisemitismus, von der Kirche, da das für ihr Klientel besser zu verstehen ist, als komplexe Zusammenhänge. Dennoch, oder gerade deshalb, muss man zwischen den reaktionären und konservativen Antisemiten, zum einen, und den treibenden linken Kräften zum anderen unterscheiden.

Der linke Rassismus, von dem der Antisemitismus lediglich ein Teil ist, bedient sich der Fremden im Land in einer ihm nutzbringenden Weise, zur Mobilisierung der Massen, und erlangt damit, neben einer Boshaftigkeit einen gar dämonischen Charakter. Leicht zu erkennen in der Gegenwart, wenn sich Linke der Palästinenser bedienen,

112

weil es ihnen hilft, ihren Antisemitismus gegen Israel zu entladen.

Bis zum stabilisieren des modernen Antisemitismus nahmen die europäischen Juden eine Aufbruchstimmung ein. Nach dem Aufbrechen der abgeschotteten jüdischen Gemeinden gab es eine unglaubliche Entwicklung und Ausbreitung jüdischer Musik und Literatur. Wurde von Linken aber als Angriff der Reaktion gewertet und gefürchtet. Natürlich versuchte man dem entgegen zu wirken. Mit dem Erstarken des Sozialismus steigt der Antisemitismus und führt zur Paralysierung der europäischen Juden. Schließlich, als Reaktion, bildet sich der Zionismus. Einmal, wegen der Enttäuschung über die Konservativen, die die Juden fallen ließen, während sie zuvor sich mit ihnen verbündeten, und zum anderen die Verwirrung über Juden in der sozialistischen Politik, die als antisemitisch zu charakterisieren war. Die Angst der Unsicherheit, wo man seit Generationen gelebt hatte, führte zum Zionismus und dem Wunsch nach einem Judenstaat. Selbstverständlich beruft man sich auf die Tora/Bibel und Israel.

Zur Gegenwart argumentiert die Linke, unter dem Deckmantel eines israelischen Imperialismus, dass es sich nicht um Juden, sondern Khassaren handle und die wahren Semiten die Palästinenser seien. Ich möchte deswegen auf folgende Fakten verweisen:

1. Palästinenser sind einfach nur Araber, auch wenn man es uns darstellen will, als handle es sich um Ureinwohner.
2. Die Vorbewohner, wie Philister, oder Kanaaniter, haben nichts mit Arabern zu tun.
3. Die Araber haben sich Palästina durch Gewalt angeeignet.
4. Neben den Khassaren gibt es auch arabische Juden, die biblischen Juden, in Israel, den der wahre

Anspruch demzufolge zusteht.

5. Als Sozialisten Juden in Deutschland, und nicht zu vergessen in der Sowjetunion ermordeten, argumentierten sie auf der Basis "Jude", nicht Khassaren.

6. Aufgrund der geopolitischen Interessen, und dem Schutz Europas, gegen eine reaktionäre, menschenverachtende und primitive Gesellschaft durch extreme Aggression geprägt, ist die Existenz eines nicht islamischen Staates außerordentlich wünschenswert. Israel ist die Bastion zum Schütze Europas. Eine militärische Stärke wünschenswert und Heimatschutz.

7. Es wird kritisiert das Israel nur seinen Anspruch wegen des Umstandes erhebt, das da vor 2000 Jahren mal ein Judenstaat war. Die Araber allerdings erheben Anspruch darauf, weil Mohammed in einer Nacht auf einem weißen geflügelten Pferd nach Jerusalem geflogen sei. Soll ich mal lachen?

Der wachsende Antisemitismus im Zuge der sozialistischen Entfaltung war ein harter und kontraproduktiver Schlag, für die jüdische Emanzipation. Die Juden hatten sich in die Gesellschaft integriert, nun stießen sie auf eine massive Volksfront gegen sich. Es folgte Unsicherheit und Angst. Die Politik der Situation führte in zionistischen Kreisen zur Annahme, man könne sich der Antisemiten im eigenen Interesse bedienen. Es ist vergleichbar mit den früheren Situationen von Konservativen mit dem Antisemitismus. So kam es zu Bündnissen zwischen Herzl und dem Grafen Plewe oder mit Jabotinsky, dem antisemitischen Minister vom Zar Nikolaus, der einen Bund mit dem ukrainischen Machthaber Petljura schloss, dieser ließ zwischen 1918 und 1920 etwa 100 000 Juden töten.

Es gilt also zu beachten, dass die Pogromen gegen Juden eine andere Ursache hatten als behauptet wird. Meist waren es völkische Bestrebungen, die die Juden als Vertreter der Staatsmacht vertrieben, oder töteten. Unter Peter I. dienten jüdische Gemeinden, sogar als Garnison für seine Truppen. Natürlich, die Feinde des Königs, insbesondere sein Bruder Heinrich Trastamara (Heinrich II) sahen in den jüdischen Gemeinden die logistische Unterstützung des Feindes. Dennoch gilt es zu sagen, das bis zum modernen Staat, die höchsten Machthaber, weltlich oder geistlich, die Juden, als das Volk von Jesus Christus schützten. Auch wenn Machthaber sie mal nicht gerade liebten, so tolerierten sie diese doch, da sie sich deren Nützlichkeit bewusst waren. Oder erfolgte aus der simplen Furcht heraus, dass die antijüdischen Pogromen sich zu allgemeinen Volksaufständen ausweiten konnten, was oftmals auch geschah. Das eben wiederum jedoch, da man in den Juden eine Stütze des verhassten Machthabers sah. Daher gehen alle Pogromen einher mit Bauernaufständen und plebejischen Bewegungen und gehen einher mit einer Schwäche der Staatsmacht. Und letztlich Hand in Hand mit den Sozialisten.

Eine Ausnahme ist das zaristische Russland, wo sich die hinterhältige Geheimpolizei der Judenpogromen manchmal bediente. Dies erfolgte immer in Momenten staatlicher Schwäche, wie der Revolution von 1905.
Betrachtet man hingegen die Pogromen zur Zeit des ersten Kreuzzuges. Es waren nicht die Ritterheere der Adligen, welche Juden bedrängten, sondern die Bauern und verarmten Personen, die dem Peter von Amiens folgten.
In jeder Stadt traten ihnen die Vertreter der Kirche und des Kaisers entgegen und versuchten den marodierenden Mob von den Plünderungen und Judenmord abzuhalten. Des weiteren war der Zug des Peter von Amiens nicht

durch den Papst abgesegnet.

Während des dritten Kreuzzuges kam es zu Judenmord, doch als Teil eines Aufstandes, der genauso wie die Juden die königlichen Beamten tötete. Viele der Anstifter wurden durch Richard Löwenherz schwer bestraft.

Spätere Massaker an Juden zur Zeit der Schwarzen Pest waren erneut plebejischen Ursprungs, es gab ausdrückliche Befehle lokaler Machthaber, aber auch von Kaiser und Papst gegen die Pogromen. Die Truppen der Machthaber versuchten auch stets diese, zu unterbinden.

In reichsfreien Städten wie Straßburg kam es zu Pogromen, nachdem ein Aufstand den Bürgermeister, der die Juden schützte, verjagt hatte und mit einem plebejischen Stadtrat ersetzte. Mit anderen Worten, man formte eine Protokommune, ähnlich wie später in der Zeit der Französischen Revolution.

Der große Judenmord 1391 in Spanien erfolgte genau, als die Staatsmacht äußerst schwach war und die Kirche wegen des großen Schismas mit sich selbst beschäftigt und die Kontrolle über die Bettelmönche verlor.

Ähnlich verhält es sich mit dem Chmjelnizki - Aufstand, der sich wörtlich orientierte:
> *„Die Unterprivilegierten, die*
> *Untertanen, die Ukrainer,*
> *die orthodoxen Christen*
> *erhoben sich gegen ihre*
> *polnischen katholischen*
> *Herren, insbesondere*
> *gegen die Verwalter ihrer*
> *Herren, den Klerus und die*
> *Juden."*

Es war eben nicht ein willkürlicher Antisemitismus, der 1648 zur Judenpogrom führte, sondern diese waren Teil eines allgemeinen Volksaufstandes. Dieser hatte begonnen als Meuterei der Kosaken. Ausgelöst durch die brutale polnische Fremdherrschaft und die Verfolgung der orthodoxen Christen, durch die polnische katholische Kirche. Und richtete sich eben gegen die ukrainischen Juden, die sich sehr gut mit den Polen arrangiert hatten.

Moderne Linke sind mindestens so große Antisemiten wie Nationalsozialisten. Linke waren die Ersten, die nach Auschwitz eine jüdische Rampenselektion durchführten. Sozialistischer und nationalsozialistischer Antisemitismus speisen sich aus denselben ideologischen Quellen.

Wenn Leute, die sich für Linke halten, knapp 70 Jahre nach der Befreiung vom NS-Faschismus mit Antisemiten zusammenarbeiten, finde ich das unerträglich. Wenn ich mit dieser Haltung allein stünde - was glücklicherweise nicht so ist – nähme ich sie trotzdem ein.

Antisemitismus wird in diesen Kreisen offensichtlich definiert wie: Antisemitismus beginnt erst beim Massenmord. Dann sind viele moderne Spielarten des Antisemitismus erlaubt: vom strukturellen Antisemitismus (konstruierte Trennung von schaffenden und raffenden Kapital) über die Relativierung von Auschwitz durch Gleichsetzung Israels mit dem Naziregime bis zur Wiederauflage der Mär einer jüdischen Weltverschwörung und nicht zuletzt jede Beleidigung und Demütigung jüdischer Menschen.

6 Vergleich von NPD, DVU und Die Linke

Jetzt wird es wirklich knifflig: welche Äußerungen stammen aus NPD und DVU, welche aus der LINKEN? Auflösung am Ende der Fragen.

1) Israel hat übrigens keine Verfassung, weil es sich sonst als Apartheid-Staat auch de jure entlarven würde.

2) Und wird Israel doch mal in einem UNO-Gremium kritisiert, ducken sich die Vertreter der Bundesrepublik vor der Israel-Lobby und der blühenden Holocaust-Industrie; stärken sie dem Apartheidstaat demonstrativ Rücken.

3) Israels Staatsdoktrin besagt: „jüdisch und demokratisch" – ein unlösbarer Widerspruch. Es verurteilt alle Nichtjuden in diesem Staat zu Bürgern zweiter Klasse, es schafft und vertieft Apartheid-ähnliche Verhältnisse.

4) Denn ist doch offenkundig: Terrorismus und Unterdrückung tragen einen Namen: den Namen des Staates Israel!

5) Israel ist durch die koloniale Landnahme, durch die zionistische Staatsdoktrin bzw. die Definition als „jüdischer Staat" sowie die Politik seiner bisherigen Regierungen Täter und nicht Opfer.

6) Es wird noch viele Terroranschläge geben. Das ist nur eine ungeeignete Antwort auf den permanenten Terror des globalen Kapitalismus. Um die Ursachen zu beseitigen, müssten wir endlich beginnen den Kapitalismus aus dem Köpfen zu verbannen und über echte Alternativen nachzudenken.

7) Gegen den Neokolonialismus Amerikas und den Staatsterrorismus Israels können sich die Muslime

der Solidarität von […] sicher sein.
Selbstverständlich hat der Iran das Recht auf eine selbstbestimmte Nutzung der Atomenergie ohne Einflussnahme der feindseligen Atommächte USA und Israel.

8) Der Iran steht unter einer mächtigen Drohung der USA und des Quartetts und auch Israels. Es wird immer gesagt, die Bedrohung ist umgekehrt. Nein!
9) Warum in Deutschland die Angst vor dem iranischen Atomprogramm systematisch geschürt wird […].
10) Ich zeig dir schon, wo Hammer und Sichel hängen, du Zionnazi-arsch.

Hermann Dierkes, DIE LINKE: 1), 3)
Holger Apfel, NPD: 2), 4)
Positionspapier, zu finden auf der Website des DIE LINKE-Landesverbandes Bremen: 5)
Text von der Website der NPD Bayern: 6)
Jürgen W. Gansel, NPD: 7)
Norman Paech, DIE LINKE: 8)
Aus der „National-Zeitung" (Verleger: DVU-Funktionär Gerhard Frey): 9)
Chris Sedlmair, DIE LINKE: 10)

Parteien machen Programme, um potenziellen Wählern zu sagen, warum man sie wählen soll. Einem potenziellen Nichtwähler sagen sie zudem, warum man eine Partei nicht wählen soll. Warum wähle ich beispielsweise die Linke nicht? Ganz einfach: weil ich die NPD nie wählen würde. Wem sich diese negative Verbindung nicht sofort erschließt, weil bei ihm NPD und Linke eher als Gegensätze laufen, sollte sich die Parteiprogramme ansehen:

Entgegen der Vorstellung vom „freien Spiel der Kräfte" eines vom Staat losgelösten Marktes spricht sich die NPD für die aktive Gestaltung einer solidarischen Wirtschaftsordnung aus.

Die Linke will solidarische Ökonomie durch geeignete

Rahmenbedingungen, regionale Wirtschaftspolitik und Existenzgründungshilfen fördern.

Im Einzelnen:

Die infrastrukturelle Grundversorgung und Daseinsvorsorge (z.B. Bahn, Post, Energie, Wasser) gehört in staatliche Hand. (Aber es waren die von ROT-Grün, die das abschafften, heißt die Koalitionspartner der Die Linke)

Die Daseinsvorsorge, die gesellschaftliche Infrastruktur, die Finanzinstitutionen und die Energiewirtschaft gehören in öffentliche Hand und müssen demokratisch kontrolliert werden. Sie dürfen nicht nach dem Profitkalkül privater Unternehmen geführt werden.

Die Dominanz der Finanzmärkte über die Volkswirtschaft und der Vorrang der Spekulation vor der Produktion sind zu brechen. Dafür ist u.a. ein Verbot von Hedge-Fonds (sog. Heuschrecken), hypothekenbesicherten Verbriefungen, der Gründung außerbilanzieller Zweckgesellschaften, „Leerverkäufen" und des Einsatzes von Derivatennotwendig.

Wir fordern eine effektive Kontrolle und Regulierung des internationalen Kapitalverkehrs, ein Verbot hochspekulativer Investitionsvehikel, die die Stabilität des Finanzsystems und damit der gesamten Weltwirtschaft gefährden. Wir wollen spekulative Investmentvehikel wie Hedge-Fonds und Private-Equity-Gesellschaften die Geschäftstätigkeit in der Bundesrepublik verbieten.

Erkläre mir mal jemand die Unterschiede, oder verträgt die links fühlende Kommunität noch eine letzte Hiobsbotschaft? Frau Klarsfeld ist als ehemalige Nazijägerin und ehemalige Präsidentschaftskandidatin der Linken kein wirkliches Gegenargument. Nichts gegen diese Frau, aber sie ist hier nur Alibi gegen die historischen Verstrickungen einer totalitären Gemeinschaftsideologie. Leider ist Slavoj Žižek einer der Wenigen in der linken Politikszene, der mal bereit ist, gegen diese Ideologie aufzutreten:

„Wenn du sagst, weg mit den Bankern, ist dir bewusst, dass jeder Faschist genau dasselbe sagt?"

Was Žižek meint, kann man übrigens noch in einem anderen Parteiprogramm, das sich *Mein Kampf* nennt und von einem Hitler geschrieben wurde, nachlesen:

„Der Kampf gegen das internationale Finanz- und Leihkapital ist zum wichtigsten Programmpunkt des Kampfes der deutschen Nation um ihre wirtschaftliche Unabhängigkeit und Freiheit geworden."

Für die Wiederaufnahme der *„Solidarökonomie"* ist nunmehr die NPD zuständig, und sie folgt darin ziemlich der nationalsozialistischen Ideologie, wonach die: *"Gesinnung, die das Interesse des eigenen Ichs zugunsten der Erhaltung der Gemeinschaft zurücktreten lässt, wirklich die erste Voraussetzung für jede wahrhaft menschliche Kultur"* ist.

Eine weitere Gemeinsamkeit von NPD und Linke besteht allerdings auch darin, dass beide jede Absicht, ein rassistisches Programm zu verfolgen, weit von sich weisen. Nur fühlt sich dieses Abstreiten für mich ziemlich fragwürdig an, wenn beide Parteien ein psychotypologisches und machtgetriebenes Weltheilungsprogramm aus Gemeinschaft und Feindbildkultur beschwören.

Es ist eben das alte Dilemma: Links gut, rechts böse. Linker Terrorismus gut, rechter böse, usw. Weil: Links meint es ja gut, rechts meint es böse. Auch bei geschätzten 100 Millionen (+) Toten, welche der Sozialismus

(Kommunismus) bisher gekostet hat. Er hat es ja gut gemeint. Zwar wurde das Ziel nicht erreicht, aber der gute Wille war da. Warum sollen wir es nicht noch einmal probieren?

Die NPD spricht hier vom *„jüdischen Aggressionsstaat"*. Sie betont also gezielt, dass dieser Missstand von einer bestimmten religiösen Gemeinschaft ausgeht.

Während Die Linke – genau wie Günter Grass – nur die Regierung kritisiert Israel könnte also genauso ein christlich, islamisch oder nicht religiöser Staat sein und er würde genauso kritisiert werden. Eben nicht! Da ist die NPD bloß ehrlicher.

Dieses unreflektierte Wiedergeben einer Meinung, die – dank der Medien – der breiten Masse entspricht, ist heutzutage leider typisch, jedoch alles andere als demokratisch.

Hat Grass etwa reflektiert? Wohl kaum, wenn man einfach die Rollen des Aggressors vertauscht. Glauben Sie mir, diese sogenannte Israelkritik, gegen diese an für sich ja nichts einzuwenden wäre, hat in gewissen Kreisen andere Ursachen und Hintergründe. Außerdem verwechselt Grass noch etwas.

Während die NPD den Krieg nicht will, weil es dem deutschen Volk nichts bringt, wollen Die Linke ihn nicht, weil sie generell jede Form von Krieg ablehnen, da Krieg immer menschenverachtend ist. Ach ja, sind Sie sich da wirklich sicher? Mann, Ihr guter Glaube in allen Ehren. Aber doch etwas naiv gedacht.

Während die NPD menschenverachtende Ideologien vertritt, zielen Die Linke auf ein friedliches Zusammenleben aller Nationen ab. Auch wenn das utopisch ist. Es ist ja erst mal nicht verkehrt sich hohe Ziele zu setzen, solange diese dem guten Zweck dienen. Aber: Links gut, rechts böse. Nein, so einfach ist es leider nicht.

Die Linke allerdings die mit Regimen wie in China/Russland usw. zu vergleichen, wird von unwissenden immer wieder gerne als Totschlagargument benutzt, entspricht aber auf keinen Fall der Wahrheit. Das Problem ist, dass dieser Partei die Altlasten der DDR anhängen und sie deshalb bei den meisten sofort ignoriert wird, ohne sich mit den heutigen Zielen/Inhalten zu befassen (eine sozialistische Demokratie erlaubt ebenfalls keinen Diktator).

Schauen Sie sich doch an in welche Richtung die EU (mittlerweile überall schon EUdSSR genannt) marschiert. Und schauen Sie sich ganz genau die Protagonisten, Methoden, Begriffe und Ideologien an. Besonders mit der *Politisch Korrekt* Diktatur wird die Meinungsäußerung zum Erliegen gebracht. Was glauben Sie denn, wenn die Sozialisten aller Länder freie Hand hätten, wie es dann um unsere jetzt schon eingeschränkte Freiheit stünde? Ich rate hier zu aller höchster Vorsicht. Es sind und bleiben Paternalisten. Koste es, was es wolle. Man meint(e) es ja gut.

Wenn Sie die Partei-Inhalte also noch nicht kennen, sollten Sie sich damit befassen (man soll seinen Feind schließlich kennen).

Davon abgesehen: Sozialismus kann nicht funktionieren, er ist vom Prinzip her zum Scheitern verurteilt. Er macht die Menschen immer arm oder führt gar zu Krieg und Verderben.

Ich will ja nicht noch mal von Günther Grass anfangen. Nur, da haben wir wieder einen Spinner, dem der Schritt vom Nationalsozialisten zum Sozialisten nicht schwer viel. Sogar das Ziel seines Hasses blieb dabei gleich: der Staat der Juden.

Doch das, was ich nach kurzer Recherche gefunden

123

habe, passt nur allzu gut zu meinem Lieblingsthema des wesensgleichen Sozi/Nazi-Radikalismus – und so möge Grass mir als Fahnenträger dienen. Damit er wenigstens einmal in seiner Existenz für etwas Gutes taugte.

Natürlich geht es um *Das Gedicht,* und wenn man gezielt recherchiert, was echte Linke und echte Neo-Nazis zu Grass' *Was gesagt werden muss* zum besten geben, so kommt man zu süffisanten Ergebnissen.

Während sich der Mainstream und somit das linksliberale Feuilleton zurückhaltend gegenüber Grass verhielt, zeigten die Außenbezirke der politischen Lager ein ganz anderes Resultat. Man ist nicht nur seiner Meinung, sondern klatscht unverhohlen laut Beifall. Man muss sich nicht mit dem Buschmesser durch den Urwald schlagen, um fündig zu werden. Schon nach wenigen Minuten kommen interessante Ergebnisse zutage. Ein Vergleich bloß zweier Internetseiten fördert eine peinliche Verwandtschaft zwischen Sozi und Nazi ans Tageslicht; eine Verbundenheit im Geiste, die beide Seiten natürlich weit von sich weisen:

Die Linke
Günter Grass hat Recht.

Günter Grass beschämt die deutsche Politik, die weithin damit beschäftigt ist, die diplomatischen Folgen eines israelischen Angriffs auf den Iran zu kalkulieren, statt alles zu tun, um diesen Krieg zu verhindern und damit „allen, den Israelis und Palästinensern, mehr noch, allen Menschen, die in dieser vom Wahn okkupierten Region dicht bei dicht verfeindet leben, und letztlich auch uns zu helfen".

Er warnt Deutschland davor, mit der Lieferung eines weiteren U-Bootes nach Israel, „dessen Spezialität darin besteht, alles vernichtende Sprengköpfe dorthin lenken zu können, wo die Existenz einer einzigen Atombombe unbewiesen ist", „Zulieferer eines Verbrechens" zu werden.

Günter Grass hat den Mut auszusprechen, was

124

weithin verschwiegen wurde.

Quelle: Website »Die rote Fahne«

NPD

Günter Grass schlägt mächtige Schneise zur Kritik am jüdischen Aggressionsstaat.

Den linken Literaten Günter Grass hat hochbetagt scheinbar der Altersmut gepackt. Anders ist es nicht zu erklären, dass der jahrzehntelange Salonlöwe des bundesrepublikanischen Linksliberalismus nun deutlich die Kriegstreiber-Politik Israels und die deutschen Waffenlieferungen an den jüdischen Aggressionsstaat kritisiert.

Die von jüdisch-israelischer Seite seit 67 Jahren penetrant betriebene Schuldanklage und die instrumentelle Opfertümelei muss sich kein Deutscher gefallen lassen. Die psychologische Kriegsführung bestimmter jüdischer Machtgruppen gegen unser Volk muss ein Ende haben. Es ist zu offensichtlich, dass die ‚Holocaust-Industrie' (Norman Finkelstein) die Deutschen mit moralischen Vorwänden immer wieder finanziell auspressen und politisch gefügig machen will. Das zeigt sich – Günter Grass benennt es – auch an der Lieferung deutscher Hochtechnologie-U-Boote an Israel, die größtenteils auch noch vom deutschen Staat finanziert werden.“

Quelle: Netzseite der NPD

Was sagt man dazu? Man könnte schlicht per Zufallsgenerator das ein oder andere Zitat zwischen beiden Lagern austauschen und niemand aus den selbigen würde es merken, respektive sich über irgendeine ideologische Ungereimtheit beschweren.

Kann mir jemand sagen, wo bei diesen Leuten der Gegensatz sein soll? Ich bin der Gegensatz, weil ich Israel unterstütze, aber ich bin konservativ. Über Jahre verfolge ich die Publikationen der Parteien und vergleiche und ehrlich, ich muss sagen, die NPD agiert beinahe immer vor

Die Linke. Die NPD wirft ein soziales Thema auf, danach kommt Die Linke, das heißt für mich, Die Linke kopiert die NPD. Warum? Weil sie die als Konkurrenz desselben Klientel empfinden. In Wahrheit ist die NPD ein Abtrünniger. Die Stasi klinkte sich in diese Gründung des MI 6 ein, um diese Partei in ihren Interesse zu nutzen. Doch das war zu einer Zeit, als man nicht wusste, dass die DDR untergehen wird.

Am 09.06.2009 hielt der ehemalige Referatsleiter beim Bundesamt für Verfassungsschutz in Köln, Dr. Rudolf van Hüllen, an der Universität Passau einen Vortrag über die Vergleichbarkeit von NPD und Linkspartei.
Dabei teilte er seinen Vortrag in mehrere Schwerpunkte auf. Ersterer war der intellektuelle Hintergrund der beiden Parteien. Van Hüllen stellt fest, dass es im Nazi Spektrum durchaus kluge Köpfe gebe, selbige könne man allerdings *„an einer Hand abzählen"*. Eine wie in der Öffentlichkeit heraufbeschwörte Intellektualisierung der Rechten habe nicht stattgefunden. Weder vom Umfang noch von der Qualität her können die Neonazis in ihrer Textproduktion mit der Linken auch nur annähernd mithalten.

Die Linke hingegen hatte schon immer den Anspruch, die Welt pseudo-wissenschaftlich zu analysieren und aus den gewonnenen Erkenntnissen ihre Programmatik abzuleiten, die Parteilinie. Dabei werden in der Analyse stets die Theorien von Marx und Engels als Beurteilungsmaßstab genutzt, auch wenn sich die Linke/SED 1991 vom Marxismus offiziell losgesagt hat. Wie ich bereits darlegte, war auch das wieder eine Lüge, um einem Verbot zu entgehen.
Immerhin sei die Linke sogar so weit, dass sie in den auf hohem Niveau stattfindenden Diskursen über die Parteilinie hin und wieder Kompromisse eingehe. Dies sei

126

deshalb bemerkenswert, weil es im Kommunismus eigentlich keine Kompromisse gibt, sondern lediglich Richtig oder Falsch. Erklärt sich aber aus der Taktik des Täuschens.

Sodann wendet er sich den Berührungspunkten der beiden Parteien zu. Van Hüllen stellt fest, dass die NPD seit Jahren über einen Kader von ca. 5000 Aktivisten verfügt, wohingegen die Linke über 70.000 Anhänger hat. Seit den 90er Jahren versucht auch die NPD mehr auf soziale Ideen zu setzen. Besonders in Ostdeutschland hat die NPD damit Erfolge, da die Bevölkerung dort, laut van Hüllen, als Erbe des DDR-Regimes, autoritären Ideen gegenüber zugänglicher sei. Er merkt an, dass sogar die NPD (wie Die Linke) die DDR als das bessere Deutschland im Vergleich zur BRD sehe, da dort mehr Sicherheit und Teilnahme des Staates herrschten, sprich: Sozialismus. Das Dilemma unserer BRD ist es, das wir zuließen, dass nicht die cleversten in den Staatsdienst gerieten. Es wimmelt inzwischen von Terroristen, Terrorismusunterstützern, Nichtskönnern, Studienabbrechern, Taxifahrern, Stasi-Fuzzis und sonstigen Arschlöchern. So kann das freilich nichts werden.

Beide Parteien beteiligten sich an den sog. „Montagsdemonstrationen" gegen die Hartz-IV Gesetzgebung. Mit populistischen Parolen versuchen beide Parteien politikferne Schichten an die Wahlurne zu locken. Dabei bilden beide gerne Lager – das betrogene Volk und *„die da oben"*, die alle abzocken.

Doch so sehr sich Linke und NPD in ihren Forderungen gleichen, so verschieden ist ihre ideologische Begründung. Die Linke werten die Arbeitsmarktreformen zum Teil als Verlust der Errungenschaften aus den 70er Jahren. Dies ist der vornehmlich westdeutsche Flügel um Lafontaine der als WASG mit der PDS/SED zur Linkspartei verschmolz. Der Ostflügel der Linken tendiert weiterhin zu

127

der Position, dass nur der Staat die Produktion und die Güterverteilung effektiv verwalten kann, also Planwirtschaft.

Beide halten den Kapitalismus für nicht reformierbar. Van Hüllen meint, das langfristige Ziel der Linken wäre die Minimierung der wirtschaftlichen Privatautonomie. Dieses System nennt er daher *„DDR-light"*. Der Bürger ist dabei von staatlichen Transferleistungen abhängig und die Mittelschicht wird reduziert.

Die NPD dagegen peilt einen geschlossenen Handelsstaat an. Alle Nationalstaaten sollten demnach autarke Ökonomien bilden, die sich aus den Produkten des eigenen Landes ernähren und Importe durch Schutzzölle reduzieren. Dies schätzt van Hüllen als einen *„Neuaufguss nationalsozialistischer Autarkiebestrebungen"* ein, welche hauptsächlich der Kriegsvorbereitung gedient hätten. Dahinter steht das Modell der Volksgemeinschaft, welches ebenfalls auf der Gesellschaftsordnung des 3. Reiches fußt. Zur Volksgemeinschaft gehören natürlich nur diejenigen, welche dem Ideal der Partei entsprechen. Ist aber ebenso unsinnig, weil die DDR danach funktionierte. Also van Hüllen sieht Unterschiede, wo es keine gibt.

Van Hüllen geht nun noch einmal im Detail auf die wirtschaftlichen Vorstellungen der beiden Parteien ein. Die Globalisierung etwa wird von beiden Parteien abgelehnt, allerdings mit unterschiedlichen Begründungen: Die Linke ist der Meinung, die Überwindung des Kapitalismus wäre unverzichtbar, andernfalls würde die Existenz der Zivilisation auf dem Spiel stehen. Ich hingegen sage, wenn Die Linke den Kapitalismus überwindet, steht die Zivilisation auf dem Spiel.

Die NPD hingegen personifiziert die Globalisierung und konstruiert eine Art Verschwörungstheorie, welche von Amerika ausgeht und zur Zielsetzung hat, Staaten und Völker auszulöschen und die Menschheit zu einem *„multikulturellem Einheitsbrei standardisierter Konsumidioten"* zu machen. Hauptverantwortlich hierfür sei

128

die „*Ostküste*", was in allen sozialistischen Lagern eine Bezeichnung für das „*Internationale Judentum*" ist. Beides hält van Hüllen für großen Humbug. Und wieder täuscht er sich dennoch, da Die Linke auch von der Zionistenlobby spricht, die die USA kontrolliert und schuld am US-Imperialismus ist. Sie reden also auch hier vom Selben.

Die Konzepte der beiden Parteien unterscheiden sich laut van Hüllen erheblich in ihrer ideengeschichtlichen Herleitung und ihrer Intention, jedoch würden sie sich gar nicht in ihren zwangsläufigen Folgen unterscheiden: der Ruinierung der deutschen Wirtschaft. Dafür trägt van Hüllen einige geschichtliche Belege an.

Gerade in der Linkspartei seien es aber trotzdem einige Personen, die erkannt hätten, dass das Geforderte in der Praxis nicht umsetzbar wäre. Dies seien vor allem Politiker, die in Ostdeutschland Regierungsverantwortung übernommen hätten.

Trotzdem konkurrieren beide Parteien wissenschaftlich belegbar um dieselbe Wählerschaft. Oskar Lafontaine etwa wetterte auch schon einmal gegen „*Fremdarbeiter, die Deutschen die Arbeitsplätze wegnehmen*", eine Aussage, die ebenso von Udo Voigt hätte kommen können.

Zum Schluss geht van Hüllen noch einmal auf die verschiedenen Freiheitsbegriffe der Parteien ein. Beide haben nichts mit dem Freiheitsbegriff des Grundgesetzes zu tun: Wenn die NPD von Freiheit spricht, meint sie damit die Freiheit von Nationen und Völkern souverän zu handeln. Die Freiheit des Einzelnen fällt nicht darunter. Die NPD hat daher auch eine Kampagne gegen die „*Menschenrechtsideologie*" ins Leben gerufen. Zudem gelten alle Rechte stets nur für Mitglieder der Volksgemeinschaft, was die NPD jedoch nicht offen ausspricht, um ein Verbotsverfahren zu erschweren.

Die Linke hingegen definieren Freiheit wie Rousseau:

„Es handle sich um Freiheit das Gemeinwohl zu erkennen, die volonté générale, und ihm zu folgen". Das aber ist keine individuelle Freiheit, sondern das Gesetz des Faschismus. Man habe also nur die Freiheit sich in ohnehin unabänderliche Tatsachen einzufügen. Die Freiheit des Individuums verschwindet hingegen.

Im Parteiprogramm der Linken werden die Freiheitsrechte als lediglich materielle gesehen und verknüpfen das Vorhandensein dieser materiellen Güter mit den Menschenrechten. Van Hüllen zieht daher den provokanten Umkehrschluss, dass arme Menschen demzufolge nicht frei seien und damit nicht über eine Menschenwürde verfügen. Dies würde natürlich grundlegend der grundgesetzlichen Idee der unantastbaren Menschenwürde widersprechen. Dies korrespondiert jedoch auch mit der linken Idee, dass der Staat diese Freiheiten zuteilt. Und wer zuteilt, kann auch wieder wegnehmen.

Der bisherige Umgang mit der Linkspartei in der Öffentlichkeit war stark von ihren wiederholten Namenshäutungen, wie eine Schlange, und dem medialen Auftreten ihrer Führungspersonen geprägt.

Wir sehen darin einen von drei Gründen, die den Alt-Kommunisten zu einem Imagewandel weg von der totalitären Staatspartei SED hin zu einer scheinbar normalen politischen Partei verholfen hat. Die Partei Die Linke ist nichts anderes als eine mehrfach umbenannte SED und letztendlich eine Teil-NSDAP.

Der jetzige Fraktionsvorsitzende der Linke im Bundestag, Gregor Gysi, war Ende 1989 zum letzten Vorsitzenden der SED und zum Nachfolger von Egon Krenz und Erich Honecker gewählt worden. In bemerkenswertem Kontrast zu manch vorschnellem Kommentar wird sichtbar, dass die Partei seit 1990 inhaltlich keinen Millimeter von ihrem Ziel der Wiedereinführung des Sozialismus und der

„*Systemüberwindung*" abgerückt ist. Sie will die BRD abschaffen und das Grundgesetz ausschalten, ist also verfassungsfeindlich und sollte umgehend verboten werden.

Diese zentrale inhaltliche Botschaft hat die PDS als eine nur umbenannte SED bewahrt und im Juni 2007 erfolgreich unter dem Namen Linkspartei fortgesetzt. Mit der Gründung der Linkspartei am 16. Juni 2007 als Zusammenschluss aus Linkspartei.PDS und WASG ist es das insgesamt vierte Mal, dass sich die Nachfolger der SED einen neuen Namen gegeben haben. Am 9. Dezember 1989 wurde Gregor Gysi zum letzten SED-Parteivorsitzenden gewählt, eine Woche später erfolgte die Umbenennung in SED-PDS. Am 4. Februar 1990 warf die Partei das als schwere Belastung empfundene Kürzel „SED" endgültig über Bord und hieß bis 2005 „PDS". Am 17. Juli 2005 änderte die Partei ihren Namen ein drittes Mal und nannte sich fortan „Linkspartei.PDS", im Juni 2007 folgte dann die bislang letzte Namensänderung.

Die Offenheit, mit der die Vertreter der Linkspartei immer wieder erklären, dass sie die Wirtschafts- und Gesellschaftsordnung der heutigen Bundesrepublik, die Soziale Marktwirtschaft überwinden wollen, wird nicht mehr – wie in den neunziger Jahren – nur intern geäußert, sondern offensiv vertreten.

Den Startpunkt dazu setzte Lothar Bisky, schon am 15. Juni 2007, am Tag vor der Vereinigung der beiden Parteien, als er verkündete:

> *„Ja, wir diskutieren auch*
> *und immer noch die*
> *Veränderung der*
> *Eigentums- und*
> *Herrschaftsverhältnisse*
> *und auch das unterscheidet*
> *eine neue Partei links von*
> *der Sozialdemokratie in*

131

Deutschland von anderen.
Kurz gesagt: Wir stellen die
Systemfrage! Für alle von
den geheimen Diensten
noch einmal zum
Mitschreiben: Die, die aus
der PDS kommen, aus der
Ex-SED und auch die neue
Partei DIE LINKE – wir
stellen die Systemfrage."[62]

So offen hatte noch keine im Deutschen Bundestag vertretene Partei angekündigt, die Ordnung unseres Gemeinwesens *„überwinden"* zu wollen. Aber ausgerechnet diese Partei will die NPD verbieten, die gar nicht im Bundestag sitzt, warum ist klar, die NPD wird als Konkurrenz gesehen.

Ein zweiter Grund, der zum Anwachsen des Linksextremismus in Deutschland geführt hat, ist zweifellos das zunächst noch heimliche Kokettieren, später dann schamhafte Tolerieren und schließlich offene Koalieren von SPD und PDS in den 90er- Jahren, ob in Magdeburg 1994 oder in Schwerin 1998. Jene Anbiederung hat der Linkspartei in den Augen mancher Bürgerinnen und Bürger das ‚Gütesiegel' der Unbedenklichkeit beschert und damit gleichfalls den Blick auf die Entschlossenheit verstellt, mit der die Linke unsere Verfassungsordnung radikal überwinden will. Mit dieser schrittweisen Hofierung, die die Linkspartei durch die SPD erfahren hat, *„Wer hat uns verraten? Die Sozialdemokraten"*, wurde sie für breitere Bevölkerungsgruppen wählbar. Weiten Teilen der SPD – mittlerweile auch in Hessen – wird allerdings immer mehr deutlich, dass diese Haltung nicht vorausschauend ist.

---

62 Lothar Bisky, Rede auf der 3. Tagung des 10. Parteitags der Linkspartei.PDS, 15. Juni 2007, in: http://archiv2007.sozialisten.de/ .../view_html/zid35922/bs1/n0 2Gerhard Bökel am 09.09.2008 in: http://www.hronline.de/website/rubriken/nachrichten/ index.jsp? rubrik=34954&key=standard_document_35183410

„Rot-rot-grünes Roulette in Hessen wäre [...]
kontraproduktiv und wegen des Bruchs eines eindeutig
gegebenen Wahlversprechens schädlich", erklärte
beispielsweise Ypsilantis Amtsvorgänger Gerhard Bökel.
Der dritte Grund für den Erfolg der Linken liegt in
Folgendem begründet: eine geschickte, medienwirksame
Verschleierung ihrer wirklichen Ziele: *„Sie profitiert vom*
Unmut über Hartz IV und davon, dass sie unter völlig
neuem Etikett firmiert: Im öffentlichen Bewusstsein wird sie
kaum noch als SED-Nachfolgepartei wahrgenommen.
Obwohl sie es de facto weiterhin ist", meint
Parteienforscherin Viola Neu.[63] Die Linke werde daher
mittlerweile als Parteineugründung verstanden, obwohl von
der Mitgliederstruktur und dem Programm her es sich im
Wesentlichen weiterhin um die alte SED/PDS handele.[64]
Auch der Extremismusforscher Eckhard Jesse sieht das
Verhalten Lafontaines und seiner viermal umbenannten
Partei als eine politische Strategie an: *„Die LINKE sieht*
Demokratie und Rechtsstaat nicht als politisch neutrale
Grundwerte an, sie hat dazu ein überwiegend taktisches
Verhältnis", sagt Jesse.[65] Die Linken in Westdeutschland
seien *„von ganz anderem Kaliber"* als die ehemalige PDS
aus Berlin. *„Die Linke radikalisiert sich"*, so Jesse. Grund
genug, genauer hinzusehen.

---

63 Viola Neu in: http://www.derwesten.de/
 .../2008/9/10/news75635303/detail.html
64 Viola Neu in: http://www.derwesten.de/
 .../2008/9/10/news75635303/detail.html
65 Eckhard Jesse in einem Interview am 19. September 2008 in:
 http://www.derwesten.de/nachrichten/nrz/2008/9/19/news-
 77636819/detail.html

7 Judenfrage

Unter „Jude" verstand man, in den vergangenen 200 Jahren, zwei verschiedene Dinge. Zum einen, wie die Juden sich selbst sahen. Eine religiöse Gemeinschaft. In dieser war jede Handlung durch religiöse Regeln definiert. Das beinhaltete sogar den Umgang mit Nicht-Juden. Zum Beispiel durfte ein Jude kein Essen, auch kein koscheres, im Hause eines Nicht-Juden zu sich nehmen. Diese Verhaltensregeln galten Grundsätzlich in allen jüdischen Gemeinden weltweit.

Im Zuge der Französischen Revolution entwickelten sich die Proto-Sozialisten heraus, die in sich dann nach anderen Ländern ausbreitete. Aufgrund ihres Misstrauens gegen die Juden als reaktionäre Kräfte entwickelte sich das Feindbild „Jude", der, was erschwerend hinzukam, sich auch noch in nach außen abgeschotteten Gemeinden organisierten, den berühmten jüdischen Ghettos. Das waren keineswegs Gefängnisse, sondern freiwillig gewählte Ghettos, wie auch die vielfältigen Chinatowns überall in der Welt, die oft viele Hundert Jahre alt waren.

Aufgrund dessen begann die nun erblühende aber dennoch Pseudowissenschaftlichen linken Intellektuellen, von „Nation" und „Volk" zu sprechen, im Zusammenhang mit Juden. Dies gab es im gesamten Mittelalter hindurch nicht unter Christen. Da beginnt das erste Problem, weil in der linken Weltsicht diese Begriffe (Nation und Volk) im gleichen Sinn verwendet werden. Dies ist nicht richtig! Dennoch war es in Publikationen von 1780 bereits gang und gäbe. Es wird auch deutlich, dass es von Anfang an ein gewaltiges Misstrauen gegen Juden, bei den Linken Bewegungen gab.

Das war der Herd eines neuen, bis dato unbekannten Antisemitismus, der gerade deshalb als Wissenschaft verkauft werden konnte, da er vom revolutionären

Frankreich ausgehend auch in die modernen Monarchien des 19. Jahrhunderts eindrang. Dies geschah immer im Zusammenhang mit der Strömung des Proto-Sozialismus, bei dem Frankreich für die europäischen Linken die Heilsnation und Gralsbringer war, der Messias vom Joch der Unterdrücker. Das bedeutete aber auch, dass der linke Antisemitismus von Frankreich exportiert wurde.

Wie das oftmals so ist, eine Idee schlägt Wellen, die zu einem Tsunami anwachsen können. Doch klar ist, das sich im Befreiungskampf der Arbeiterklasse festsetzte, dass reaktionäre Juden die Stütze der Adelsgesellschaften waren. Wollte man also die Befreiung von Unterdrückung erlangen, so die damalige Logik, müsse man die Stützpfeiler der Monarchie einreißen, um der Revolution Erfolg zu gewähren. Das heißt, die Bekämpfung der Juden war eine sehr wichtige Option für die Revolutionäre.

Mit der Emanzipation der Arbeiterbewegung wurden nach und nach Individualrechte erkämpft, die die modernen Monarchien allen Untertanen gewährten. Das heißt auch die Juden. Die Monarchen sahen in diesen Untertanen, während die Linken jene als ein anderes Volk betrachteten.

Damit einher ging aber, dass die Rabbiner die zuvor ausgeübte Gerichtsbarkeit über ihre Gemeinden verloren. Die abgeschotteten Gemeinden wurden aufgebrochen und das von außen. Neue Ideen drangen in die Ghettos hinein, die Juden nun verlassen konnten und nicht mehr an religiöse Vorschriften gebunden waren, sofern sie das nicht Selbst wollten.

Dazu muss man wissen, dass in der Diaspora, nach der Zerstörung des Tempels in Jerusalem, das Judentum einen gewaltigen Wandel durchlief. Statt der Verehrung im Zentralheiligtum kam nun das Rabbinische Judentum. Alles wurde vom Rabbi geregelt, deren Ziel es war, die Juden zusammen zuhalten, damit diese nicht vom Glauben abfielen. Dazu hatte er auch justizielle Gewalt, die körperliche Strafen, Kerker oder Tod beinhalteten.

Allerdings war das von Land zu Land unterschiedlich. Doch in vielen Staaten, insbesondere Spanien und Polen, gibt es zahlreiche Dokumentation über den Vollzug der Todesstrafe.

Dies alles begann sich nun zu ändern, wie man beispielsweise an den Responsen (hebr. She'elot u Teshuvot „Fragen und Antworten", waren offizielle Anfragen an eine jüdische halachische Autorität mit dem Ziel, einen normativen Bescheid auf die Anfrage zu erhalten) des berühmten Rabbiner Mose Sofer aus Bratislava (damals: Pressburg) erkennen, die er 1832 nach Wien entsandte. Die Österreichisch-Ungarische Monarchie hatte zu diesem Zeitpunkt bereits umfangreiche Grundrechte gewährte. Und genau darum ging es in seinem Schreiben, in dem er beklagt, dass die Juden begannen, die religiösen Gesetze zu vernachlässigen, seit sie keine Bestrafungen mehr durchführen durften.

Er schreibt:

> *„Als man mir hier in*
> *Pressburg sagte, dass ein*
> *jüdischer Ladeninhaber es*
> *wagte, sein Geschäft*
> *während der Halbfeiertage*
> *zu öffnen, schickte ich*
> *sofort einen Polizisten hin,*
> *um ihn einzusperren."*

Ich möchte hier noch mal auf die Bedeutung dieses Teiles, meiner Ausarbeitung ausdrücklich hinweisen. Denn gegenwärtig passiert etwas sehr Ähnliches, bezüglich des Islams, aber umgekehrt. Warum? Im Gegensatz zum Judentum ist der Islam nicht reformierbar. Er drängt sich in eine moderne Gesellschaft hinein, auf der Basis der Individualrechte, um dann ihre Gemeinden um den Imam (statt Rabbi und Fatwa statt Responsen) abzuschotten und dann die Sharia zu fordern, heißt die allgemeinen Gesetze des Umfeldes abzulehnen. Er ist also staatsfeindlich. Die

Muslime versuchen sich gegen die Juden auszutauschen. Es geht ihnen in religiöser Hinsicht, um die Erschleichung des Status als auserwähltes Volk Gottes.

Zur Zeit der Umstrukturierung wurde den Rabbinern das Recht verwehrt, wie früher mit physischen Zwang zu agieren. Dem man sich zuvor nur durch den Übertritt in eine andere Religion entziehen konnte. Und genau das ist der Punkt für Juden in den sozialistischen Strömungen, die den dortigen Antisemitismus akzeptierten und zur Kollaboration von Judenhassern führte. Dem liegt eine immer genutzte Erklärung des linken Intellektuellen zugrunde, er ist aufgeklärt, gebildet, der Neue Mensch und hat daher recht. Für die Sozialisten war es ein gewaltiger Erfolg diese geschlossene Gesellschaft der Juden zu zerbrechen. Jüdische Sozialisten sahen auf religiöse Juden herab, doch dem liegt zugrunde nichts anderes als das denken von Übermensch und Untermensch.

Unparteiisch betrachtet muss man eingestehen, dass diese Totalitäre Gesellschaft von außen aufgebrochen wurde. Es gab zwar Innere Ansätze (z.B. Baruch Spinoza) aber sie konnten nicht die notwendige Eigendynamik entfalten.

Diese Befreiung hatte äußerst ernste Folgen und führten zu einer Entwicklung der liberalen Juden. Wir stoßen hier einen Wendepunkt, der die Wege der weiteren Entwicklung bis zum Holocaust stellte. Der britische Historiker Alan John Percivale Taylor zeigte auf, wie einfach es der deutschen Reaktion fiel sich dem Patriotismus zu bedienen. Da es die französischen Truppen waren, die in Deutschland einfielen und mit Krieg überzogen. Aber sie brachten auch die Individualrechte und die Gleichheit vor dem Gesetz nach Deutschland. Man konnte daher die Freiheit als „undeutsch" brandmarken. In einer ganz ähnlichen Situation sahen sich auch die geschlossenen jüdischen Gemeinden wieder, als die Rabbis ihre Autorität einbüßten.

Diese Liberalisierung hatte jedoch zur Folge das Juden seit Jahrhunderten frei Handeln konnten. Ohne das sie etwa die Religion zu wechseln hatten.

So ergab es sich, dass jüdische Gemeinden in Staaten liberalisiert wurden, obwohl diese prinzipiell absolutistisch und antisemitisch waren. Zar Nikolaus I. zum Beispiel war ein fanatischer Judenhasser und erließ viele antisemitische Gesetze. Aus eigenem Interesse heraus stärkte er jedoch die Ordnungskräfte, nicht nur die Geheimpolizei, sondern auch normale Polizei und Gendarmerie. Dadurch war es den Rabbinern nicht mehr möglich, nach Gutdünken, mit ihrer Paralleljustiz fortzufahren. So wie es etwa in Polen vor 1795 gang und gäbe war. So befahl z.B. kurz vor 1840 ein "heiliger Rabbi" (ein Zaddik) in einer kleinen jüdischen Stadt in der Ukraine die Ermordung eines Häretikers, der in das kochende Wasser der städtischen Bäder geworfen werden sollte. Zeitgenössische jüdische Quellen vermerken mit Erstaunen und Erschrecken, dass Bestechung *„keine Wirkung mehr hatte"* und nicht nur die Täter, sondern auch der *„heilige Mann"* schwer bestraft wurden. Das Regime von Metternich war in Österreich vor 1848 notorisch reaktionär und den Juden gegenüber sehr unfreundlich eingestellt, ließ aber nicht zu, dass liberale Rabbiner vergiftet wurden. Im Laufe des Jahres 1848, als die Staatsmacht vorübergehend geschwächt wurde, war das Erste, was die Führer der jüdischen Gemeinde in der galizischen Stadt Lemberg (jetzt Lviv, Lwów bzw. Lvov) mit ihrer neu erlangten Freiheit taten, den liberalen Rabbiner der Stadt zu vergiften, den die winzige nichtorthodoxe jüdische Gruppe der Stadt aus Deutschland geholt hatte.

Die Entwicklungen in der Reformation eines neuen Judentums, den die Juden unter den neuen Bedingungen selber weiterentwickeln konnten, schritt in Westeuropa sehr viel schneller und freier voran als im russischen Reich, was

138

auch einen Teil Polens mit einschloss. Daraus entwickelte sich eine Zweiklassengesellschaft unter den weltweiten Juden. Im Westen allerdings, ganz besonders im anglikanischen Teil der Welt, führte das zu enormer Verwirrung. Denn man meinte, dass dieser neue Typ Jude, der so viele Künstler, Literaten, Wissenschaftler usw. hervorbrachte, das Leitbild des „typischen Juden" sei. In Russland allerdings, das nur ein totalitäres Regime nach dem anderen ablöste und jedes so antisemitisch, wie das zuvor war, war das ganz anders. Hier lebten Juden unter ganz anderen Bedingungen, es gab keine Freiheiten wie in der liberalen Welt. Das Bild des Juden war hier ein ganz anderes und Düsteres.

Dies führte zu ideologischen Schwierigkeiten unter den Linken. Eine Untersuchung der radikalen, sozialistischen und kommunistischen Parteien fördert viele Beispiele versteckten oder offenen Antisemitismus zutage. Der Antisemitismus war von Anfang an bei der sich entwickelnden linken Weltsicht dabei, er war typisch und grundsätzlich. Auch Karl Marx war keine Ausnahme. Nur dann passierte etwas sehr Tragreiches. Sozialismus und Kommunismus erhielten eine geballte neue Schubkraft durch die Entwicklungen im Zarenreich, die sozialistische Revolution und dem Sieg Lenins. Es wurde ein eigener Stempel aufgedrückt, der allerdings ein völlig anderes Judenbild als Westeuropa und Nordamerika hatte.

Von der UdSSR aus kamen neue Impulse in den weltweiten Sozialismus, die aber durch die lokalen Besonderheit in Konflikt gerieten. Ein sehr ernstes Problem war dabei der liberale Jude.

Dieser verhält sich mit der Propaganda aus Moskau, wie das Wasser zum Feuer. Da aber die Partei immer recht hat, musste dieses Problem angepasst werden. Es ist also nicht verwunderlich, wenn sich die „Protokolle der Weisen von Zion" von der Zarenzeit problemlos in den neuen Arbeiter und Bauernstaat retten konnten. Das diente als die

139

Lösung zum Problem. Da wurde der Gedanke an eine jüdische Verschwörung schnell wieder aufgenommen, beziehungsweise gar nicht fallen gelassen. Die Juden infiltrierten alles, das erklärte dem Bolschewisten, warum es so viele jüdische Politiker in den Staaten des Klassenfeindes gab. Und rechtfertigte die Judenpogromen im eigenen Land, damit die Reaktion nicht siege. Denn es stand außer Frage für Bolschewisten, dass der jüdische Politiker im Westen, die Konterrevolution unterstützt, mithilfe der hiesigen Juden.

Unterstützend kam hinzu, dass die jüdischen Gemeinden im Zarenreich die Mittelschicht gebildet hatten. Die Linken sahen auch in der wirtschaftlichen Mittelschicht Europas den Klassenfeind als primäres Ziel, auch wenn sie von den Bankern und Großindustriellen immer redeten. In der Logik Moskaus musste also ein Zusammenhang zwischen der Mittelschicht in den europäischen Staaten und den Juden bestehen.

Hinzu kommt, dass in jener UdSSR viele Muslime lebten, die ohnehin Juden hassten und auf den fahrenden Zug aufsprangen. Da entwickelten sich dann einige folgenschwere Beziehungen zur Muslimbruderschaft. Hier, ebenso wie in Nazi-Deutschland.

Die Diskrepanzen in der linken Logik fallen schnell auf. Der Zionismus, eigentlich eine sozialistisch jüdische Bewegung, diente dem Bolschewisten zur Untermauerung einer jüdischen Weltverschwörung. Alle Juden wurden zu Zionisten erklärt. Es war dem Bolschewisten unvorstellbar, das ein Jude einfach nur Mensch war. Noch gefangen im Bild der totalitären Gemeinden, nahm der Bolschewist an, ein Jude würde immer einem Rabbi gehorchen und die sprechen sich natürlich ab und das weltweit. Der schlimmste aller Juden war aber der liberale, der war so verschlagen, dass er allen vorgaukelte: „Das ist einer von uns". Dieser war die größte Gefahr überhaupt. Was sich hier abspielte, ist etwas, das sich zu einer fixen Idee entwickelte, eine Wahnvorstellung ähnlich dem Hexenwahn. Selbst der Kibbuz wird verteufelt von den Linken bis heute, ganz ignorierend das es sich dabei, um praktizierten Kommunismus handelt.

Im Irrtum ist, wer annimmt, dass die „Judenfrage" von den Nationalsozialisten aufgeworfen wurde. Sie ist ebenfalls ein Import aus Russland, entwickelt auf der Vermischung der Judenfrage von Karl Marx, durch Lenin. Ihr frühestes Auftauchen geht auf die Annektierung polnischer Gebiete durch das zaristische Russland zurück. Sie befasste sich mit den in Polen lebenden Juden. Allerdings wollte man das durch Assimilierung oder Ausweisung regeln. Die Ausweisungen wurden erst ab 1822 in den Dörfern von Weißrussland systematisch betrieben.

Mit dem Zar Nikolaus I wurde ein neues Kapitel in der Judenfrage aufgeschlagen. Er versuchte diese durch Gewalt und Unterdrückung zu lösen.

Die Einführung der Wehrpflicht für junge jüdische Männer lag die Idee zugrunde, diese im Krieg zu verheizen.

Ab 1840 beinhaltete die Judenfrage auch einen Aspekt der Erziehung, es war aber Umerziehung. Dazu wurden spezielle Schulen eingerichtet, die die Juden durch spezielle Steuer („Kerzensteuer") selber finanzieren mussten. 1844 wurde der Erlass zum Bau der Schulen herausgegeben.

Ich muss eingestehen, dass man erschreckende Parallelen zur gegenwärtigen Politik in Deutschland ziehen kann.

Der aus Deutschland stammende Rabbiner Max Lilienthal, Direktor der jüdischen Schule in Riga, war zuvor mit der Organisation dieser Schulen beauftragt worden. Bald legte der Rabbiner aber einen Geheimplan offen, der den wahren Zweck der Schulen offenbarte. Durch Umerziehung sollte die jüdische Kultur verschwinden. Da ihm dafür der Tod drohte, floh er zurück nach Deutschland.

Die Schulen wurden weiter geführt, durch liberale Juden und dem Rabbinerseminar in Wilnus und Schytomyr.

Schließlich kam es zur nächsten Phase der Judenfrage. Man begann damit alle Juden in „Nützliche" und „Nutzlose" einzuteilen. Ich möchte darauf hinweisen, dass diese Einteilung dann auch von Nazis unternommen wurde und über sofortigen Tod durch Vergasen oder Tod durch Arbeit entscheidet. Bei Nikolaus I gab es zwar keine sofortige Vergasung, aber der „Nutzlosen" wollte man sich durch harte Frondienste entledigen.

Dieses Projekt zog die Kritik russischer Politiker nach sich und führte zur Intervention westeuropäischer Juden, was als Beweis des Weltjudentums gewertet wurde und zur Beweisführung für die Protokolle von Zion galt. 1846 reiste deshalb Moses Montefiore erfolglos nach Russland. Der Befehl wurde 1851 formell erteilt, durch den Krim Krieg aber hinausgezögert. Allerdings verdreifachte sich die Zwangsrekrutierung von Juden für diesen Krieg.

Unter Zar Alexander II lockerte sich zwar das Los der Juden, aber auch er versuchte es sie zu assimilieren. Es kam zu vielen Lockerungen deshalb, sodass Juden Anteil hatten am kulturellen und wirtschaftlichen Aufschwung im Land.

Genau das jedoch führte in der Bevölkerung zu scharfen Protesten und Panik. Viele Juden waren plötzlich führende Köpfe der slawophilen Bewegung, z.B. Konstantin Aksakow und Fjodor Dostojewski. Das war vielen ein Dorn im Auge. In der Unterschicht sah dies als Anzeichen dafür, dass die Juden einen „Staat im Staat" errichteten, um die russische Arbeiterklasse auszubeuten. Man erwirkte, dass die Ritualmordlegende, welche Alexander I. 1817 verbieten ließ, wieder eingesetzt wurde. Dies geschah dann 1878, mit der Begründung, die wie eine Vorausnahme der Nationalsozialisten klangen. In vielen Zeitungen erschienen antisemitische Artikel, so auch in dem wichtigsten damaligen Blatt, der Nowoje Wremja (Neue Zeit).

Der Judenhass wuchs insbesondere nach dem Balkankrieg 1877-1878, als die panslawische Idee an Einfluss gewann, der zu einem übersteigerten Nationalismus unter der russischen Arbeiterklasse führte, der die Juden als subversive Eindringlinge sah, der für die Nöte der Unterklasse verantwortlich war.

Das spitzte sich immer weiter zu und erreichte am 13. März 1881 einen Wendepunkt. Durch das Attentat auf Alexander II. schwächte sich die Staatsmacht und es kam zu anarchistischen Zuständen. Wovon insbesondere die Linksextremisten, wie die Organisation *Narodnaja Wolja* (Volksfreiheit) profitierten. Sie waren es auch gewesen, die die Bombe detonieren ließen. Sie riefen das russische Volk zur Revolution auf und beschuldigten die Juden für das Elend im Land. Es kam zum ersten Pogrom im Gouvernement Cherson. Aber die Geheimpolizei Ochrana zerschlug die linksextremistische Organisation.

Aber es sollte sich nicht mehr bessern. Der Mob wütete viele monatelang gegen Juden in Cherson. Abgeschwächt sogar bis 1884. Das war der Ausgang für mehrere Pogromen in Südrussland. Jüdische Geschäfte wurden geplündert, vergewaltigt und gemordet. Irwin Michael Aronson untersuchte die Pogromen von 1881-84 ausführlicher.[66]

Entgegen der Gängigen, aber von Linken beschönigten Geschichtsschreibung, macht Aronson klar, das die Staatsmacht diese Pogromen weder angezettelt hatte noch wollte, sondern diese als Teil eines Planes zu einer sozialistischen Revolution wertete. Und das, obwohl einige lokale Behörden diese eventuell duldeten.

Auffällig ist wie sehr sich die linke Intelligenz, mindestens gleichgültig, aber auch offene Sympathie bezüglich der Pogromen zeigte. Die Juden waren darüber sehr erschrocken, denn viele von ihnen hatten gemeint zu denen zu gehören.

---

66 Vgl.: Aronson

Der neue Zar Alexander III versuchte die Hintergründe der Pogromen erforschen zu lassen. Seine Kommission befand, dass der Grund in der von linken Extremisten implantierte Glaube im Volk an eine *„jüdische Ausbeutung"* sei. Aufgrund dessen erließ man die Maigesetze 1882. Den Juden wurde nur noch erlaubt sich in Großstädten aufzuhalten. Nur so sah sich die Regierung imstande die Juden zu schützen, da die Kontrolle im Land und Kleinstädten des großen Reiches immer schwach war.

Auch wenn in diesem Fall tatsächlich die Absicht bestand die Juden vor Übergriffen zu schützen, liegt hier die Idee zur „Schutzhaft". Sowohl die Bolschewisten, genauso die Nazis griffen zu dieser Methode, um Juden ohne Widerstand abzuführen, unter der Begründung sie vor einem wilden Mob zu schützen.

Nichtsdestotrotz gab es immer noch gewisse Schikanen der Regierung gegen Juden. 1891 begann eine systematische Vertreibung von Juden aus Moskau. Wir sehen hier die Vorlage zu dem, was später die Nazis taten. Die haben sich an den Zuständen in Russland orientiert.

Konstantin Podedonoszew, der Berater des Zaren, machte schließlich eine neue Etappe in der Judenfrage bekannt:

„Ein Drittel wird sterben, ein Drittel wird auswandern, und das letzte Drittel wird im russischen Volk assimiliert werden." So schrieb er an Dostojewski.

Er war die graue Eminenz und Vater der Russifizierungspolitik, einem Vorgänger zur Germanisierungspolitik der Nationalsozialisten. Sein Einfluss verebbte zwar unter Zar Nikolaus II. aber die Politik der Russifizierung blieb erhalten und wurde in der Arbeiterklasse wohlwollend aufgenommen.

Die zunehmenden judenfeindlichen Maßnahmen des Zaren Alexander III hatten zu einer Radikalisierung der jüdischen Jugend geführt. Diese begannen sich zu organisieren und, um an Kraft zu gewinnen, verbanden sie sich mit den linken Revolutionären ihrer Zeit. Taktisch verständlich hätten sie, wie geplant sich durchzusetzen gewusst. Ihre Gegner kreierten das Bild der jüdischen Unterwanderung, waren aber schlau genug sich nicht untereinander zu bekriegen, sondern bis nach der Revolution zu warten.

Alexander III verschlimmerte alles, er hatte geglaubt das durch eine antijüdische Politik er das unzufriedene Volk kontrollieren konnte. Dazu tat er etwas sehr Interessantes, was die Nazis wiederholten und erneut in Deutschland geschieht: Er ließ die Medien gleichschalten.

Es gab viele neue Pogromen. Zwar zogen nach dem Petersburger Blutsonntag auch 12 jüdische Abgeordnete in die erste Duma von 1906, doch die sahen sich dem mächtigen Bund des russischen Volkes entgegengesetzt, die in aller Öffentlichkeit die Eliminierung der Juden forderten. Sie publizierten die Protokolle der Weisen von Zion und verteilten diese. Sie garantierte die Kontrolle des Zaren im Parlament. Mit dem Juden als Sündenbock versuchte der Zar von den sozialen Missständen der Unterschicht abzulenken.

Es kam zur Auswanderung von 2 Millionen Juden, meist in die USA. Doch wegen der hohen Geburtenraten nahm die Gemeinde nicht ab. Es kam außerdem vermehrt zu Spenden ausländischer Juden, sodass Juden in Russland einen wirtschaftlichen Aufschwung erlebten. Das zog freilich neuen Neid nach sich.

Es wurden mehrere Großprojekte in Angriff genommen, um Millionen Juden nach Argentinien oder Uganda überzusiedeln. Alle diese scheiterten aber.

Nach der Februarrevolution 1917 kam es zu einer sehr kurzen Blütezeit des russischen Judentums. Alle Repressalien wurden von der westlich und liberal orientierten Regierung aufgehoben. Das führte dazu, dass die Juden sich aktiv und mit Begeisterung an der neuen

Regierung beteiligten. Nur, genau das erfüllte andere mit Sorge. Besonders da die zionistische Bewegung an Zulauf gewann. Im Mai 1917 hielten die Zionisten ihre 7. Weltkonferenz in Petersburg ab. Es nahmen 140 000 Delegierte teil. Das erschrak viele Russen, denn es erweckte erneut die Angst vor dem Judenstaat. Außerdem bildeten sich viele Jugendgruppen *Hechalutz* genannt, die sich darauf vorbereiteten nach Palästina zu gehen. Nur das war suspekt. Zum einen, wenn die Juden gehen, würden sie gewiss ihre Reichtümer mitnehmen. Man sah darin eine Gefahr zur Wirtschaftskrise. Andere konnten nicht glauben das, die Juden ihre Immobilen aufgeben würden und glaubte hier den Aufbau einer geheimen Armee zu erkennen, die die Macht in Russland übernehmen wolle.

Schon im Oktober 1917 kam es zur bolschewistischen Revolution, der sich ein Bürgerkrieg anschloss, in der sich mehrere Armeen gegenseitig bekämpften. Es gab Pogromen, insbesondere der Ukraine. Über die Zahlen der Pogromen und Opfer gehen die Historikermeinungen weit auseinander.

Nachdem sich die Sowjetunion behauptete, wurde die Zahl der Juden 1922 nur noch auf 2,5 Millionen festgelegt. Diese Zahlen sind wohl eher falsch, die bolschewistischen Erhebungen waren von Anfang an im Interesse der Partei gefälscht. Und die Juden hatten leider die sofortige Aufmerksamkeit der Kommunisten. Lenin hatte umgehend wieder die Judenfrage aufgeworfen.

Wir wissen heute, insbesondere unter Stalin, wurden die Statistiken gefälscht, sodass seine Opfer aus der Geschichtsschreibung verschwanden. Meist ließ er dann später jene, die die Statistiken fertigten auch töten, sodass sie alles mit ins Grab nahmen.

Die Mordorgien der Kommunisten muss aber gewaltig gewesen sein, auch wenn die Historiker sich wieder uneins sind. Linke versuchen Stalin und Lenin schön zu reden, ihre

Gegner schlecht zu machen. Die Wahrheit wird irgendwo dazwischen liegen.

Lenin hatte sich sofort einer separaten jüdischen Nation entgegengestellt, dafür gab es keinen Platz in der Sowjetunion. Stalin sah in den Juden eine *„Nation auf dem Papier"*.

Trotzdem, die neue Regierung wendete sich gegen Pogromen und Antisemitismus und schien damit eine Assimilierung zu erzeugen zu wollen, wie unter den Zaren. Die jüdische Jugend wendete sich begeistert den Kommunisten zu. Radikalisierte sich in deren Sinn, sodass sie auf gläubige Juden selbst als unaufgeklärte und dumme herabblickten. Einer der Gründer der Roten Armee war der Jude Leo Trotzki.

Dann aber kam das große Erwachen. Denn die Juden hatte etwas sehr Wichtiges vergessen. Sie gehörten zur Mittelschicht, die von den Kommunisten zerstört werden sollte. Die Juden verarmten und das gefiel vielen nicht mehr. Die wirtschaftliche Lage der UdSSR war katastrophal. Darüber hinaus wurden auch intellektuelle Kultur der Juden zerstört, denn sie passte nicht zum Kommunismus.

1923 veranlasste Stalin den Simon Dimantstein, ein radikalisierter Kommunist, die jüdische Sektion Jewsekzija der KPdSU zu gründen. Ziel war es die Juden umzuerziehen. Wir sehen, dass er sich der Methoden des zaristischen Russlands bediente und ebenso sich eines Juden bediente, der bei den Juden eher Vertrauen gewinnen sollte. Nun wurde die jüdische Religion bekämpft, das Studium der Tora verboten ebenso die Sprache Hebräisch. Und freilich die zionistische Bewegung, die eigentlich sozialistisch war.

Zum gleichen Zeitpunkt wurde allerdings jiddisch gefördert in eigenen Schulen, aber es gab keine höheren Ausbildungsmöglichkeiten. Jüdische Intellektuelle migrierten, viele nach Palästina. Stalin rutschte allerdings immer mehr in einen Nationalsozialismus ab, der feindlich gegen Minderheiten vorging. Die jiddische Schulen wurde sehr bald wieder geschlossen. Der Zionismus immer mehr als Staatsfeind erachtet. Hinzu kamen erneut mehrere Millionen Juden, als die Sowjetunion, gemäß des Hitler-Stalin-Paktes Ostpolen annektierte. Stalin sah in den Juden ein immenses Problem.

Wir müssen von 5,5 bis 7 Millionen Juden ausgehen, die in der Sowjetunion lebten. Stalin nutzte insbesondere die bewusst herbeigeführte Hungerkatastrophe der Ukraine, um sich eines Großteiles der Juden zu entledigen. Entgegen vieler seltsamer Gerüchte muss man sagen, dass weder Lenin noch Stalin offenbar selbst jüdische Ahnen hatten.

Es gab eine erste große Säuberung unter Stalin 1936 bis 38, die sich unter anderem gegen Juden richtete und eine Zweite die 1948 einsetzte und erst mit dem Tode Stalins 1953 endete. Diese 2. Welle richtete sich ausschließlich gegen Juden, als *„wurzellose Kosmopoliten"*. Leo Trotzki war der höchstrangige Jude, der in der 1. Säuberung zum Opfer fiel. Er befand sich schon im Exil in Mexiko, als er dort ermordet wurde.

Die Behandlung der Judenfrage im Marxismus-Leninismus steckte voll von Widersprüchen. Die Theorie von Karl Marx, nach der das Judentum zusammen mit der bürgerlichen Gesellschaft verschwinden würde, also als Teil der Rechten, spielte da eine große Rolle.

Das Problem war nämlich ein Grundsätzliches. Der Genosse Lenin hatte da nicht richtig mitgedacht. Auch sein Nationalitätenprinzip beruhte auf Widerspruch. Grundsätzlich betonte er die Unabhängigkeit und das Selbstbestimmungsrecht aller Völker. Andererseits aber propagierte er gleichzeitig den Zusammenschluss der Völker im Zeichen des Sozialismus. Sonst hätte er allen

Völkern des zaristischen Reiches die Selbstständigkeit geben müssen. Das wäre ja ein Rückschritt für den internationalen Kommunismus gewesen.

Die Nationen der Sowjetunion sollten durch die KP zu einem neuen ganzen „Neuen Menschen" verschweißt werden. Dieser Internationalismus mündete in einen straffen Zentralismus, welcher der Idee von der nationalen Emanzipation zuwiderläuft. Die Juden waren dabei ein Fremdkörper, da sie keinen Staat hatten.

Lenins Haltung zur Nationalitätenfrage ist durch und durch widersprüchlich.[67] Nationale Absonderung war für den Sowjetführer ein reaktionäres (Rechtes) Verhalten, wenn sie sich nicht den Zielen des Sozialismus verschrieb. Diese Diskrepanz zwischen Theorie und Praxis sollte vor allem in der Judenpolitik der Sowjetunion deutlich zum Vorschein kommen.

Obwohl man es von offizieller Seite ablehnte, die sowjetischen Juden als Volk zu definieren, galten sie doch de facto als solches. Doch Karl Marx sagte das die Juden verschwinden müssen. Die Entfaltung einer nationalen Kultur lag daher nicht im Interesse des Regimes. Für die Behandlung der Judenfrage sollte Westeuropa als Vorbild dienen. Die westeuropäischen Juden waren für Lenin progressiv, weil sie für die fortschrittlichen Bewegungen des Zeitalters aufgeschlossen waren und sich ihnen anglichen. Die Juden in diesen Ländern assimilierten sich zunehmend, was auch von den sozialistischen Theoretikern der Epoche (Marx, Kautsky, Luxemburg) als Lösung der Judenfrage nachdrücklich empfohlen wurde. In der Überwindung des Kapitalismus sah man das Ende jeglicher Diskriminierung gegenüber den Juden erreicht.[68]

Diese Lösung bedeutete allerdings nichts anderes als die völlige Aufgabe aller Merkmale, welche die Juden von der übrigen Bevölkerung unterschied. Assimilierung oder …

67 Abosch, S.83
68 Abosch, S.87

149

Was sollte mit den Juden geschehen, die Juden bleiben wollten? Am Ende fordert die Schaffung des Neuen Menschen immer das Konzentrationslager. Es gibt keine Alternative.

Lenins Haltung zur Judenfrage war ein reines Theoriegebilde, welches nicht einmal in sich logisch war. Als man von offizieller Seite Ende der 20er Jahre gar an die Errichtung eines geschlossenen jüdischen Siedlungsgebietes im Fernen Osten ging, wurde die Theorie ganz und gar umgekehrt. Das war allerdings kein Zeichen für eine Abkehr von der leninschen Position, was sich später auch an der Umsetzung des Siedlungsprojektes deutlich zeigen sollte. Vielmehr beweist das Vorgehen der sowjetischen Behörden das Fehlen von Interesse einer Lösung des theoretischen Widerspruch.[69]

Schon 1919, der Bürgerkrieg war noch nicht zu Ende, verboten die Kommunisten die zionistische Bewegung, was, wegen des Krieges, nur offiziell war, nicht aber praktisch umgesetzt wurde. Eine jüdische Nation war absolut inakzeptabel. Schon ab April 1920 wurde dann jede als zionistisch empfundene Äußerung brutal verfolgt. Jeder der als Zionist erkannt wurde, endete in den Gulags von Sibirien.[70]

Den Höhepunkt der ersten Welle des stalinistischen Terrors bildete die Säuberungswelle während der 30er Jahre. Lasar Kaganowitsch, enger Vertrauter Stalins und selbst Jude, fungierte dabei als Organisator und Schlüsselfigur hinter den Kulissen des Parteiapparats. Seit 1920 wurden Tausende Akten von, als Zionist verdächtige Juden angelegt.

Seit Mitte der 20er Jahre sammelte Kaganowitsch in Listen die Namen von Tausenden Gegnern.[71]

Der damalige Leiter von Stalins Personal- und

---

69 Vetter, S. 78
70 Ben-Sasson, S.301
71 Vgl.: Rapoport

Berufungszentrale hegte ähnliche wie sein Chef- einen besonderen Hass gegen die jüdischen Intellektuellen, deren Zahl mit der Abschaffung der zaristischen Quoten für die Universitäten seit 1917 sprunghaft angestiegen war.

Die Säuberung selbst hatte Stalin von langer Hand vorbereitet, ehe die vielen Verhaftungen, Schauprozesse und Hinrichtungen 1936 einsetzten. Interessanterweise läuft das parallel mit einem Anstieg der Repressalien gegen Juden in Nazi Deutschland, gemäß derselben Beschuldigungen. Das Ganze gipfelt in der Reichskristallnacht 1938. Zum selben Zeitpunkt kommt es zum Höhepunkt in der Sowjetunion. Die Kommunisten beginnen mit Deportationen in Gulags, die Nazis in KZs. Zunächst als Schutzhaft bezeichnet, mit Verweis auf die Pogromen der Reichskristallnacht.

Die Kommunisten hatten von Deutschland Zyklon B gekauft. Gut, es war als Insektizid sogar noch nach dem 2. Weltkrieg verkauft worden. Aber, seit 1933 verteidigt der britische Kommunist Bernard Shaw Massenmorde, und verteidigt die Diktatoren Hitler und Stalin. Er reist mehrfach in die Sowjetunion, besucht Gulags und plädiert dazu den Massenmord humaner zu gestalten und das durch Gas. Mag das alles Zufall sein, oder war es abgesprochen?

Das Hauptziel der ersten Säuberungswelle von Stalin waren vielleicht nicht Juden gewesen. Doch auffällig viele jüdische Parteimitglieder wurden in Schauprozessen abgeurteilt. Ihr Todesurteil stand bereits vorher fest.

Von den 24 Jewsekzija-Funktionären wurden Ende der 30er Jahre 18 unter dem Vorwurf des jüdischen Nationalismus liquidiert, also als Zionist; Säuberung im neu geschaffenen jüdischen autonomen Gebiet in Birobidschan waren beträchtlich. In Russland gab es dieselbe Propaganda gegen die Juden, wie in Deutschland.

Verschärft wurde die gefährliche Situation für die Juden durch die in den 30er Jahren allgegenwärtige Spionagehysterie. Durch die breite geografische Verteilung

151

der Ostjuden und die vielen Emigrationsströme war den sowjetischen Juden ein weites Netz von verwandtschaftlichen Beziehungen ins Ausland zugewachsen. Das machte sie jetzt für mögliche Spionagetätigkeiten grundsätzlich verdächtig.

Die sowjetische Agitation im Dienste des paranoiden Stalins nutzte die antisemitischen Vorurteile in der Sowjetunion zu einem rigorosen Vorgehen gegen die Juden. Von allen Opfer-Nationalitäten der Sowjetunion war der größte Prozentsatz auf die Juden entfallen.[72]

Bis 1939 wurde die große Mehrzahl der jüdischen Kultureinrichtungen einschließlich der 750 jiddischen Schulen geschlossen. Zwar kam die jiddische Kultur dadurch nicht völlig zum erliegen, doch wurde ihr durch die Liquidierung zahlreicher Künstler und Intellektueller die Basis für eine weitere Entwicklung entzogen. Die Publikation jiddischer Literatur nahm bis 1939 rein zahlenmäßig nicht merklich zu. Während 1934 348 Buchtitel verlegt wurden, waren es 1939 noch 339. In den Jahren dazwischen bewegten sich die Zahlen auf ähnlichem Niveau. Das deutet auf grave Probleme für ein Volk hin, ein massives Pogrom. 1938 auch wurden viele jüdische Tageszeitungen eingestellt.

Der Höhenflug der jiddischen Kulturproduktion war vorbei; die Terrorwelle hatte viele ihrer führenden Repräsentanten verschwinden lassen. In den kommenden Jahren und Jahrzehnten sollten die sowjetischen Juden nie wieder Gelegenheit zu einer ähnlichen Entfaltung ihrer kulturellen Kräfte erhalten.

Alexander Borschtschagowski rekonstruierte die 2.Welle sowjetischer Judenverfolgung beginnend 1947 in seinem *„Orden für einen Mord"*. Das Magazin Focus kommentierte das 1998:

> *„Ein Stück Zeitgeschichte*
> *der Sowjetunion wird*

72Rapoport, S. 63

aufgerollt: Unbemerkt von der Weltöffentlichkeit wurde Juden im „real-existierenden Sozialismus" ein Schicksal bereitet, das in vielem an Victor Klemperers Bericht über die schleichende Entrechtung der Juden im Deutschen Reich erinnert."

Anschließend beeilt man sich aber zu sagen, dass die Sowjetunion außer in diesem Punkt nicht mit dem Nazi-Deutschland verglichen werden könne. Ich sehe das anders. Ich meine stattdessen, dass der Nationalsozialismus eine Variante des Stalinismus gewesen war.

Der Gulag war eben nichts anderes als ein KZ, in dem die Politik von *„Tod durch Arbeit"* gehandhabt wurde. Beim Bau des Weißmeerkanales starben 10 000 Zwangsarbeiter pro Monat. Es gibt aber ein auffälliges Desinteresse an der Massenvernichtung in der Sowjetunion.

Wir müssen ebenso davon ausgehen das, während der Zwangskollektivierung der dreißiger Jahre in der Ukraine, Kasachstan, im Nordkaukasus und anderen Gebieten zu einer künstlichen Hungersnot kam, bis zu 25 Millionen Menschen starben.

Das löste den berühmten Historikerstreit aus, in dem der linke 68er Historiker Jürgen Habermas dies als *„Austreibung der Kulaken"* bezeichnete. Nur, Anbetracht der wirtschaftlichen Situation muss davon ausgegangen werden, dass viele dieser angeblichen Kulaken eigentlich Juden waren, die damals die Mittelschicht darstellten in der Ukraine.

Man weiß, dass die Kommunisten sich spezieller

153

Fahrzeuge bedienten, um darin Gefangene zu vergasen. Diese Methode wurde von den Nazis angewandt. Ein Austausch beider Regime, die auch mal Verbündete waren, ist sehr naheliegend. Insbesondere da der Kommunist Bernard Shaw beide Regime zu Massenmorde aufstachelte und dazu Gas empfahl. Aus guten Grund will man sich der Aufarbeitung dieses Themas nicht widmen. Doch die wahren Zustände waren Regierungen im Westen sehr wohl bekannt.

Und trotzdem waren Juden im System Stalin weiterhin involviert. Leider Ja! Radikalisierte Ideologen sind zu allem fähig, wenn sie sich für den „Neuen Menschen" halten. Das ist nichts anderes als „Arier" bei den Nazis, doch auch im Dritten Reich wurden auch Arier von Arier getötet.

Neoliberale sind sich in der Schaffung des „Neuen Menschen" einig mit den Linken, da denken sie gleich. Und das muss zu beachten sein, wenn der Neoliberale Henry Kissinger, selbst jüdischer Abstammung, aber eben nicht gläubig, sagt: *„Die Juden sind bloß aggressiv, ungehobelt und widerwärtig."* Er ist bereits der Neue Mensch geworden, der sich Juden nicht mehr identifizieren kann.

So berichte die New York Times am 10. Dez. 2010[73] basierend auf Dokumenten, die die Nixon Bibliothek turnusmäßig freigab, da diese nicht mehr der üblichen 30-Jahres-Frist für vertrauliche Regierungsdokumente unterliegen.

Allerdings berichteten die Dokumente auch vom Besuch der israelischen Premierministerin Golda Meir 1973. Doch danach sagte Kissinger zu Präsident Nixon, wie unwichtig die Interessen Israels für die USA seien. Die wollte nämlich erreichen, dass die USA Moskau dränge, Juden aus Russland nach Israel ausreisen zu lassen. Das

---

73 „In Tapes, Nixon Rails About Jews and Blacks", ADAM NAGOURNEY ; The New York Times
http://www.nytimes.com/2010/12/11/us/politics/11nixon.html?
_r=2&scp=2&sq=kissinger&st=cse

aber wollte die Sowjetunion nicht erlauben, um ihre innigen Beziehungen zu den muslimischen Staaten nicht zu belasten. Kissinger sagte zu Nixon:

„Die Ausreise von Juden nach Israel ist kein Ziel amerikanischer Außenpolitik. Und wenn sie in der Sowjetunion Juden in Gaskammern stecken, ist das keine amerikanische Angelegenheit."

Nixon antwortete:

„Ja, ich weiß, wir können deswegen nicht die ganze Welt hochjagen."

8 Willkommen im Faschismus

Die DDR hatte ein ähnliches Bild von Juden, wie die BRD. Das lässt sich mit der ständigen Auseinandersetzung beider deutscher Staaten zurückführen. Und unterschied sich daher mehr von anderen Ostblockstaaten. Dies verhinderte die Verdrängung der Judenverfolgung. Aber freilich blieb die sozialistische Judenfrage aktuell. Bei ihrer antifaschistischen Selbstbeweihräucherung schloss die SED zwar auch Juden unter den Opfern des Hitlerfaschismus ein, aber eine Holocaustzeremonie, wie in der BRD wurde hemmungslos unterdrückt. In der Philosophie der SED widersprach dies dem sozialistischen Staat, weil es der Bildung einer jüdischen Nation unterstützen würde.

Der sozialistische Staat versucht Staat und Bevölkerung der Religion zu entreißen.[74] Das bedeutet jeder sozialistische Staat, seien es nationale Sozialisten oder internationale Sozialisten, müssen das christliche Abendland bekämpfen, weil es religiös ist. Nur kann man das Christentum nicht als Singularität betrachten, da es aus dem Judentum hervorging. Die Judengemeinde hatte in christlichen Staaten eine besondere Stellung inne, wie ich aufzeigte im vorherigen Kapitel des modernen Antisemitismus. Und damit wird der Jude zum Hauptproblem für die sozialistische Gesellschaft, nach dem Motto: Das Problem bei den Wurzeln angehen. Das Judentum muss seine Stellung verlieren, der Juden muss assimiliert werden zum Neuen Menschen des Sozialismus, in der er keine Identität mehr hat, oder er muss verschwinden. Allein in diesem Punkt ist es, wo sich Sozialismus und Islam sich annähern. Der fundamentale

---

74 Landshut / Mayer , erster Band, S. 234

Judenhass. In der die Sozialisten sinnigerweise selbst zum gemäßigten Muslim werden (den es in islamischen Staaten gar nicht gibt), da sie zumindest ein Teil von ihnen Methoden der Assimilierung akzeptieren, statt der physischen Vernichtung.

Auf die *„politische Emanzipation"* des Staates von der Religion folgt die *„menschliche Emanzipation"*. Für Marx ist das Vorhandensein von Religion ein Mangel an Sozialismus.[75] Das diente der Die Linke in der These von *„Den richtigen Sozialismus hat es noch nicht gegeben".* Und zwar ganz genau deshalb, weil die Religion in der DDR nicht ausgerottet war. In ihrer Parallelweltvision ist das der Untergang der DDR. Obacht! Das schließt selbstredend den Islam mit ein. Er soll lediglich dazu dienen Judentum und Christentum zu vernichten und anschließend selbst vernichtet werden. Marx lässt da keine Zweifel offen. 1961 gab das Institut für Marxismus-Leninismus beim Zentralkomitee der SED im Ost-Berliner Dietz Verlag die gesammelten Werke von Marx heraus. Auf der Seite 170 ist zu lesen:

> *„Der Koran und die auf ihm*
> *fußende muselmanische*
> *Gesetzgebung reduzieren*
> *Geografie und Ethnografie*
> *der verschiedenen Völker*
> *auf die einfache und*
> *bequeme Zweiteilung in*
> *Gläubige und Ungläubige.*
> *Der Ungläubige ist ein*
> *harby, d.h. der Feind. Der*
> *Islam ächtet die Nation der*
> *Ungläubigen und schafft*
> *einen Zustand permanenter*
> *Feindschaft zwischen*

---

75 Landshut / Mayer , erster Band, S. 234f.

157

Muselmanen und
Ungläubigen."[76]

Damit erklärt sich der Massenimport der deutschen Linken für junge Männer aus islamischen Staaten. Wer auch die Nachrichten verfolgt, stellt fest, dass man auch mal von Abschiebungen berichtet. Erstaunlicherweise werden viele integrierte Ostasiaten abgeschoben, die also Steuern zahlen. Wohingegen die Abschiebung von gewaltbereiten und asozialen Subjekten verhindert wird. Es geht darum einen permanenten Konflikt zu schaffen, der zum Chaos und Selbstzerstörung des Abendlandes führt.
Auf Seite 171 heißt es bei Marx:

„Da der Koran jeden
Ausländer zum Feind
erklärt, wird niemand
wagen, in einem
muselmanischen Land
aufzutreten, ohne seine
Vorsichtsmaßnahmen
getroffen zu haben."

Auf Seite 173 erklärt Marx, dass Christen (gilt aber auch für Juden), nach dem Islam kein Eigentum haben dürfen:

„Es versteht sich, dass
Besitz in diesem Falle nicht
Eigentum bedeutet, das
den Christen durch den
Koran untersagt ist,
sondern nur das Recht der
Nutznießung."

Dies ist ein sehr wichtiger Punkt, um den perfiden

---

76 Bitte beachten sie hier, das Karl Marx, also vor dem Dritten Reich, das Wort Muselmanen benutzt. Die Linke Geschichtsverfälschung erklärte das Wort zu einer Erfindung der Nazis. Das ist Unsinn. Auch auf Spanisch sagt man *muselmanes.*

158

Plan zum Sozialismus zu ermöglichen. Wenn der Christ, ebenso der Jude, über keinen Privatbesitz verfügt, werden sie die Idee des Kommunismus eher zugänglich sein, da dieser auch den Privatbesitz abschaffen will. Man fragt sich, warum die Deutsche Linke gerade auf das verhasste Christentum spekuliert und von der Nächstenliebe zu reden, und solche Sozi-Pfaffen wie Käßmann helfen dabei, um Bürger dazu zu bewegen, das sie eben diese erwähnten importierten Personen in ihr Heim aufnehmen. Es dient zu nichts anderem als der Enteignung.

Ich weiß nicht, woher der wirre Glaube der protestantischen Christen kommt, dass Sozialismus auch nur im entferntesten etwas mit den Lehren von Jesus Christus zu tun habe.

Das Humanismuskonzept des Sozialismus/Kommunismus geht auf die griechische Humanistik zurück und das insbesondere auf Platon. Ich kann mich ja irren, doch meineserachtens nach war Platon weder Jude, noch Anhänger von Jesus, der seine Lehre auf dem Judentum aufbaute. Der griechische Humanismus denkt auch nicht an Nächstenliebe, wenn er vom Humanismus spricht, sondern staats- und gesellschaftstheoretischen Konzepten, so wie Marx und Engels auch.

Auch Marx und Engels hatten sich Platons *Politeia* sehr zur Basis genommen und diese lediglich umgestalteten und ausgebaut. Platons Kritik an Geld und Reichtum sind den Vorstellungen von Marx sehr nahe. Es ist praktisch unmöglich, zurzeit von Marx noch mehr als heute, sich über eine Gesellschafts- und Staatstheorie über den idealen Staat auszulassen, ohne auf irgendeine Weise von Platon beeinflusst zu sein.

Dazu muss man sich vor Augen halten, dass dies aber mit Dingen wie Menschenrechten rein gar nichts zu tun hat. Platon forderte zwar ebenfalls den Verzicht auf

Privateigentum, allerdings für die oberen zwei Stände. Wohingegen der dritte Stand der von Rechtlosen und Sklaven gleichkommt, die dazu ausgeplündert werden, den „Kommunismus" der in Kommunen lebenden oberen zwei Stände zu ermöglichen.

Zur Gütergemeinschaft: Platon, Politeia 415 d - 427 a und 464, 416 d - e:

> *„Als Erstes soll keiner irgendetwas als sein Eigentum besitzen, sofern es nicht ganz notwendig ist, sodann soll keiner eine solche Wohnung und Vorratskammer haben, in die nicht jeder, der will, einträte; alles zum Lebensunterhalt Erforderliche aber, was besonnene und tapfere für den Krieg bestimmte Kämpfer benötigen, sollen sie nach billiger Schätzung von den übrigen Bürgern erhalten als Lohn des Bewachens, in solchem Maße, dass sie weder für das Jahr etwas übrig haben noch Mangel leiden, und sie sollen gemeinsame Mahlzeiten besuchen und, wie auf einem Feldzuge befindlich, gemeinschaftlich leben."*

Kuriosum: Es gab tatsächlich bereits eine sozialistische Gesellschaft, die funktionierte. Es war die der klassischen karibischen Piraten, die ein sehr hoch entwickeltes sozialistisches Gesellschaftssystem entwickelt hatten. Nur mit Humanismus und Nächstenliebe hatte das rein gar nichts zu tun. Außerdem sieht man das Problem der sozialistischen Idee. Es muss jemanden geben, dem man den Reichtum wegnehmen kann. Genauso verhält es sich mit dem Quatsch der „Umverteilung" der heutigen Linken, was unterm Strich auch Piraterie ist. Man kann nur umverteilen, was andere vorher erwirtschaftet haben. Und da kommen wir zum bekannt Vergleich: Sozialismus ist die gleichmäßige Verteilung der Armut. Wenn man einem Millionär eine Million Euro wegnimmt, und auf 80 Millionen Menschen verteilt, dann bekommt jeder 1,25 Cent.

Platon Entwurf ist in einem in gewissen Hinsichten kommunistisch. Die Grundlage ist allerdings kein Wirtschaftskonzept und auch nicht ein soziales Konzept, wie bei Marx und Engels, einer durchgehenden genau gleichen Verteilung für alle Bürger. Die Gründe sind ethisch und politisch. Aber die Beeinflussung von Marx durch Platon sind unverkennbar.

Aber, Platon hatte ein reales Beispiel, der ihn zur Politeia beeinflusste. Und das war Sparta. Einige Gelehrte, zum Beispiel Moses Hadas, hatten bereits herausgestellt, dass das in der makkabäischen Zeit (142 bis 63 v. Chr.) übernommenen politische Systems von Plato, *jede Phase menschlichen Verhaltens religiösen Sanktionen unterliegt, die in Wirklichkeit vom Herrscher manipuliert werden*".

Im Falle des heutigen deutschen Linken steht an der Stelle von *„religiösen Sanktionen"* nun *„politisch korrekt"* wird aber genau so benutzt, zum Manipulieren und Drangsalieren der öffentlichen Meinung. Das alles zwingt den Menschen in eine Diktatur in dem man für das sagen seiner Worte bestraft. Man verweist zwar auf das Grundgesetz Artikel 5, dass die Meinungsäußerung zwar garantiert. Bis auf 7 Ausnahmen, die aber noch nachvollziehbar sind. Aber durch den schwammigen Volksverhetzungsparagraphen, wird das praktisch ausgehebelt. Man muss dabei noch einen Schritt weiter denken. Denn: Die Holocaustleugnung würde theoretisch auch unter den Volksverhetzungsparagraphen fallen. Wenn es einen allgemeinen Konsens in der Mehrheit des Volkes gibt, das der Holocaust stattfand. Da wäre es natürlich praktisch, wenn etwa durch Masseneinwanderung von Personen diese Meinung kippt. In der islamischen Welt wird der Holocaust grundsätzlich geleugnet. Claudia Roth weiß das sehr genau, denn sie nahm im Iran an der Konferenz der Holocaustleugner teil.

Allerdings gibt es einen speziellen Paragrafen, der die Leugnung des Holocaust regelt. Und welch Überraschung, ausgerechnet den will die deutsche Linke abschaffen. Ausgerechnet der RAF-Anwalt Otto Schily wirft diesen Tabubruch auf.[77]

> *„Wenn ihr die Augen nicht*
> *braucht, um zu sehen,*
> *werdet ihr sie brauchen,*
> *um zu weinen!"* Jean Paul
> (1763-1825)

Diese sozialistische Utopie steht, entgegen aller entworfener Luftschlösser, entgegen den Grundsätzen der *„Offenen Gesellschaft"* im Sinne von Karl Popper. Ein Sozialistenstaat kann nie eine *Offene Gesellschaft* sein. Die sozialistische Gesellschaft bietet zwei Optionen: Du nimmst an ihr Teil als „Neuer Mensch" teil, die Kreation des Sozialismus in einem geschlossenen und kriegerischen Ghetto, als sozialistisches Sparta. Oder als reaktionärer Helot (spartanischer Sklave), der die sozialistische Gesellschaft finanziert.

Und damit es auch dem Letzten klar ist, wir reden hier

---

77 http://www.n-tv.de/politik/Straftatbestand-sollte-man-u-berdenken-article14774221.html

nicht nur von Arbeitslagern, sondern von der Philosophie von „Herrenmensch" und „Untermensch". Sparta war für fast jede sozialistische Bewegung ein Vorbild, keineswegs nur für Faschismus und Nationalsozialismus.

In Sparta lebte man nicht in Familien, sondern Kommunen, in denen auch Homosexualität und Pädophile allgemein akzeptiert war.

Für die Rolle des Juden in der sozialistischen sieht Karl Marx folgendes Problem:

„Die Frage nach der Emanzipationsfähigkeit des Juden verwandelt sich uns in die Frage, welches besondere gesellschaftliche Element zu überwinden sei, um das Judentum aufzuheben? Denn die Emanzipationsfähigkeit des heutigen Juden ist das Verhältnis des Judentums zur Emanzipation der heutigen Welt. Dies Verhältnis ergibt sich notwendig aus der besonderen Stellung des Judentums in der heutigen geknechteten Welt. [...] Suchen wir das Geheimnis des Juden nicht in seiner Religion, sondern suchen wir das Geheimnis der Religion im wirklichen Juden. Welches ist der weltliche Grund des Judentums? Das praktische

Bedürfnis, der Eigennutz.
Welches ist der weltliche
Kultus des Juden? Der
Schacher. Welches ist sein
weltlicher Gott? Das Geld.
Nun wohl! Die
Emanzipation vom
Schacher und vom Geld[,]
also vom praktischen,
realen Judentum[,] wäre die
Selbstemanzipation
unserer Zeit. Eine
Organisation der
Gesellschaft, welche die
Voraussetzungen des
Schachers, also die
Möglichkeit des Schachers
aufhöbe, hätte den Juden
unmöglich gemacht. Sein
religiöses Bewusstsein
würde wie ein fader Dunst
in der wirklichen Lebensluft
der Gesellschaft sich
auflösen. Andererseits:
wenn der Jude dies sein
praktisches Wesen als
nichtig erkennt und an
seiner [=dessen]
Aufhebung arbeitet, arbeitet
er aus seiner bisherigen
Entwicklung heraus, an der
menschlichen
Emanzipation schlechthin
und kehrt sich gegen den
höchsten praktischen
Ausdruck der menschlichen

164

Selbstentfremdung."[78]

Sozialismus ist also erst dann möglich, wenn der Jude überwunden ist, in welcher Form das geschieht, ist da ganz Auslegungssache. Und an anderer Stelle wird Marx noch einmal deutlicher:

„Wir erkennen also im Judentum ein allgemeines gegenwärtiges antisoziales Element, welches durch die geschichtliche Entwicklung, an welcher die Juden in dieser schlechten Beziehung eifrig mitgearbeitet, auf seine jetzige Höhe getrieben wurde, auf eine Höhe, auf welcher es sich notwendig auflösen muss. Die Judenemanzipation in ihrer letzten Bedeutung ist die Emanzipation der Menschheit vom Judentum [will sagen: vom Schacher, vom Geld, von der Eigennützigkeit, von der Knechtschaft]."[79]

Der Jude kann also nicht emanzipiert sein, was hier aber assimiliert bedeutet, da der Jude als die Ursache der abzulegenden Gesellschaft angesehen wird. In Russland sieht man das sehr schön, erst wurde sich der Juden bedient, siehe Trotzki, dann, als das neue System fest im Sattel saß, ließ Stalin sie ermorden.

Der Jude erfüllt im Sozialismus den einzigen Sinn des Feindbildes und die Geißel der Menschheit, die das

---

78 Landshut / Mayer , erster Band, S. 233f
79 Landshut / Mayer , erster Band, S. 257f

sozialistische Utopia verhindert.

In dem Marx, die Juden zum Kernproblem seiner Feindschaft stilisiert, macht er den Judenhass zum absoluten Pflichtpunkt jedes Sozialisten und Kommunisten. Antizionismus ist nur ein verdeckender Kampfbegriff zum Täuschen. Das Judentum ist das Kernproblem bei der stärke der jüdischen Gemeinde.

Die Assimilation des Juden in die kommunistische „bessere" Welt, meint im Klartext nichts anderes als das Nichtvorhandensein von Juden. Wer aber noch vom Juden spricht und abhängig ist, sei es auch als Feindbild wie bei Hitler, kann sich nur im Vorstadium des Kommunismus, dem Sozialismus befinden. Weil der aufrechte und wackere Sozialist, „der von etwas Edlem spricht" gemäß Gregor Gysi, noch gegen die ausbeuterische reaktionäre Welt der Juden anzukämpfen hat. Genau dieses Judenbild geht auch aus den DEFA-Filmen der DDR hervor.

Diese Grundsätze wurden aber nicht nur von Marx aufgestellt, sondern begegnen uns auch bei Lenin, wo er sich nicht mit sozialistischen Juden, also mit den damaligen *Bundisten* begnügte, sondern deren völlige Assimilation und (erneute) Eingliederung in die SDAPR forderte:

> „Dafür besitzt zweifellos das
> dritte Argument des ›Bund‹
> [für den Abfall von der
> SDAPR], das an die Idee
> der jüdischen Nation
> appelliert, grundsätzlichen
> Charakter. Nur ist das leider
> eine zionistische Idee, die
> in ihrem Kern vollkommen
> falsch und reaktionär ist.
> ›Die Juden hörten auf, eine
> Nation zu sein, denn eine
> solche ohne ein Territorium

*ist undenkbar‹, sagt einer
der hervorragendsten
marxistischen Theoretiker,
Karl Kautsky. […] Den
Bundisten bleibt also
vielleicht nur noch übrig, die
Idee von der besonderen
Nationalität der russischen
Juden auszuarbeiten, deren
Sprache der Jargon und
deren Territorium das
Ansiedlungsgebiet sei. Die
in wissenschaftlicher
Hinsicht in keiner Weise
haltbare Idee eines
besonderen jüdischen
Volkes ist ihrer politischen
Bedeutung nach reaktionär.
[…] In ganz Europa ist der
Verfall des Mittelalters und
die Entwicklung der
politischen Freiheit Hand in
Hand mit der politischen
Emanzipation der Juden
gegangen, mit ihrem
Übergang vom Jargon zur
Sprache des Volkes, unter
dem sie leben, und
überhaupt mit einem
unbestreitbaren
Fortschreiten ihrer
Assimilierung an die sie
umgebende Bevölkerung.
[…] Die jüdische Frage
steht gerade so:
Assimilation oder*

*Abschließung? [...] Die Idee
der jüdischen Nationalität
widerspricht den Interessen
des jüdischen Proletariats,
indem sie mittelbar und
unmittelbar eine der
Assimilierung feindliche,
eine ›Ghetto‹-Einstellung
erzeugt.*"[80]

Wenn Lenin von einem jüdischen Proletariat spricht, ist sein Widerspruch zu Marx nur scheinbar. Denn die Assimilation des *„jüdischen Proletariats"* an das jeweilige Volk *„unter dem sie Leben"* ist genau das Gleiche, wie das was Marx *„Emanzipation vom Judentum"* nannte. Es ist nur von der anderen Seite ausgedrückt.

Inspiriert von Marx, legte Lenin großen Wert darauf „wissenschaftlich" darzustellen, warum es keine jüdische Nation gibt. Nun haben aber gerade der Holocaust und die Gründung eines jüdischen Staates, zur Festigung der jüdischen Nation beigetragen. Das heißt, beides muss weg. Lenin entwickelte lange vor Hitler das Problem der Judenfrage. Keine baltische Frage oder ukrainische Frage. Nein, es sind die Juden! Denn schließlich ist es immer wieder der als Feind gedeutete Jude, welcher abgeschafft werden muss, um alles Schlechte überwinden zu können.

Otto Heller, jüdischer Sozialist, ging in seiner Schrift *Untergang des Judentums* (1931) ebenfalls auf die Judenfrage ein. Er war freilich nicht der Erste, aber interessant in diesem Fall, weil es den Hass jüdischer Linke auf den Judenstaat erklärt. Zum einen lobt er ausdrücklich die Sichtweise von Marx.[81] Und setzt ebenda hinzu: *„eine*

---

80 Lenin, »Assimilierung oder Absonderung?«, aus: »Die Stellung des ›Bund‹ in der Partei«, Iskra vom 22. Oktober 1903, in: Lenin, ebd., S. 12-16, hier 12-14
81 Heller, S. 5

historisch-materialistische Darstellung des Gesamtproblems der Judenfrage zu geben." Heller musste als Sozialist freilich alles materiell begründen. Wie bei Marx begründet er also das Judentum wirtschaftlich. Er redet von einer *„internationalen Kaste"* (Weltjudentum bei Hitler), die eine bestimmte wirtschaftliche Funktion in der kapitalistischen Gesellschaft erfülle. Das auch ein jüdisch stämmiger Heller diese Wortwahl anschlägt ist logisch, denn gerade er, als „ehemaliger Jude" musste seinen Genossen zeigen, dass er bereits dieser Neue Mensch ist und kein Verräter.

Der sozialistische *„Untergang des Judentums"* bei Heller bedeutete die Beseitigung einer unproduktiven und ausbeuterischen wirtschaftlichen Funktion, die der internationalen jüdischen *„Kaste"* aus (pseudo-) historischen Gründen zugeschrieben wurde. In der proletarischen Diktatur sollte diese wesentliche Änderung durch Vermindern jüdischer Intellektueller und Vermehrung jüdischer Arbeitskräfte bzw. der Anzahl der jüdischen Arbeiter, also durch Zwangseinstellung von Juden in der Landwirtschaft und der Schwerindustrie zustande kommen. Heller schrieb das 1931 und nur zwei Jahre später begann man in Deutschland mit Repressalien gegen Juden.

In der Sicht des eventuell unter Drogen stehenden Hellers, sollte dies der völligen Vernichtung jeglicher Form von Antisemitismus dienen.[82] Klar, wenn es keine Juden mehr gab, war Antisemitismus überflüssig geworden. Eine gewisse Logik wohnt dem also schon bei.

Kurz nach Heller trat ein Kommunist jüdischer Herkunft an das Thema heran. 1932 publizierte Alfred Kantorowicz im Sammelband Klärung[83], neben Otto Heller (er schrieb dort *Kommunismus und Judenfrage*), sogar seine Antwort auf das Problem, mit dem Titel: *„Liquidation*

---

82 Heller, S. 127f
83 Ernst Johannsen et alii, Klärung. 12 Autoren [und] Politiker über die Judenfrage (Berlin: Tradition Wilhelm Kolk, 1932)

der Judenfrage". Der Sammelband enthält die Schriften von zwölf Sozialisten und Kommunisten, alles Zeitzeugen des Aufstieges der NSDAP. Der Inhalt der Texte widerspricht sich jedoch nie wirklich und wären sie von Nationalsozialisten geschrieben worden, würde man das ungeprüft glauben. Was aber muss in den Köpfen solcher Herkunftsjuden vorgehen? Gewiss das Gespenst des Kommunismus.

Das ist aber kaum überraschend, wenn wir bedenken, dass sich alle sozialistischen Denker (einschließlich Nationalsozialisten) auf die Grundlinien von Marx beriefen. Interessant ist die sehr scharfer Ausdrucksweise von Kantorowiczens:

> *„[D]ie jüdische Bourgeoise*
> *ist reif zum Untergang,*
> *nicht minder und nicht*
> *mehr als die Klasse, der*
> *sie angehört, in der sie als*
> *eine Kaste existiert."*[84]

Und weiter:

> *„Die einzige Lösung der*
> *Judenfrage besteht in der*
> *Produktivisierung der*
> *parasitären Klasse des*
> *jüdischen ›Luftmenschen‹,*
> *des unproduktiven*
> *Vermittlertyps, der nicht nur*
> *›der Kaufmann von Berlin‹*
> *ist, sondern der Kaufmann*
> *des Kapitalismus*
> *schlechthin."*[85]

Und schließlich, die *Endlösung der Judenfrage* (hier bezieht

---

84 Alfred Kantorowicz, »Liquidation der Judenfrage«, in: Klärung, S. 153-168, hier 157 – Er redet aber von keiner „Umschulung", die Mittelschicht und Oberschicht waren gemordet worden.
85 Ebd., S. 159-160

sich Kantorowicz auf das jüdische autonome Gebiet in Birobidschan, in der UdSSR):

> *„Die praktische*
> *Liquidierung der*
> *Judenfrage: das ist die*
> *Einbeziehung der Juden in*
> *den sozialistischen Aufbau.*
> *[...] Die Zahl der jüdischen*
> *russischen Arbeiter ist*
> *absolut und relativ*
> *außerordentlich gestiegen.*
> *Die Zahl der jüdischen*
> *Angestellten und Beamten*
> *hat sich dagegen*
> *vermindert. [...] Der Typus*
> *der überflüssigen*
> *Vermittler,*
> *Zwischenhändler,*
> *Kommissionäre, der*
> *›Luftmenschen‹ und,*
> *selbstverständlich, der*
> *jüdische Kapitalist, ist*
> *verschwunden. Die*
> *sozialen Gegensätze*
> *[vermeintliche*
> *Voraussetzungen des*
> *Antisemitismus] bestehen*
> *nicht mehr. Die Juden als*
> *Kaste sind aufgehoben*
> *worden. [...] Aus*
> *Schankwirten,*
> *Zwischenhändlern,*
> *Schiebern, Wucherern –*
> *sind Arbeiter, Bauern und*
> *Soldaten geworden."*[86]

---

86 Ebd., S. 167-168

Wie viele Juden in den Gulags starben, erzählt uns Kantorowiczens nicht. Doch das dies etwa ein Jahr vor der Machtübernahme Hitlers die Meinung der deutschen Kommunisten ist, kostet einen guten Moment diesen Bissen zu verdauen. Seit 1931 verteidigte der Kommunist Bernhard Shaw die Morde in der Sowjetunion, später tut er dasselbe für Hitler und entwickelt ein System zur Massenermordung mit Gas.

Das sich etwas änderte darf bezweifelt werden. Im Historikerstreit bezeichnete der 68er Habermas die stalinistische Mordorgie als *„Austreibung der Kulaken"*.

Otto Heller erzählt auch, was es mit der Kritik am Zionismus auf sich hat:

> *„Der Kommunismus ist*
> *schließlich ein*
> *unerbittlicher Gegner des*
> *jüdischen Nationalismus,*
> *der im Zionismus seine*
> *ausgeprägte Gestaltung*
> *erfahren hat. [...] Unter*
> *dem Vorwand, ein*
> *rückständiges Land*
> *(Palästina) modernen*
> *Wirtschaftsformen zuführen*
> *zu wollen, verelendet und*
> *knechtet er in Wirklichkeit,*
> *als ein Instrument des*
> *britischen Imperialismus,*
> *jüdische und arabische*
> *Proletarier."*[87]

Der Zionismus ist also ein Feind des Sozialismus, weshalb er in der DDR kein Thema werden sollte. Außer in negativer Hinsicht.

---

87 Otto Heller, »Kommunismus und Judenfrage«, in: Klärung, S. 79-96, hier 96

Im Zuge des tschechisch-kommunistischen Schauprozesses gegen den Juden Rudolf Slánský und andere, jüdische Kommunisten, die im Dezember 1952 als Verschwörer hingerichtet wurden, erreichte die antisemitische Welle der stalinschen Judenverfolgung auch die DDR.

„Bis Ende März 1953 flüchteten etwa 550 Juden, größtenteils Gemeindemitglieder, aus der DDR in den Westen, darunter wichtige Repräsentanten jüdischen Lebens. Sie berichteten von Hausdurchsuchungen und beruflicher Zurücksetzung. Die Vereinigung der Verfolgten des Naziregimes, in der zahlreiche Juden organisiert waren, wurde aufgelöst.“[88]

„Da die DDR bis zum Herbst 1989 ihr stalinistisches Erbe jedoch niemals wirklich überwand, bestand auch keine Möglichkeit zur wahrheitsgetreuen Aufarbeitung dieses dunklen Kapitels ihrer Geschichte. Es gab somit auch keine Chance, die Opfer wirklich zu

---

[88] Keßler, S. 100

rehabilitieren."[89]

Es gilt darauf hinzuweisen das auch Die Linkspartei es nicht tut.

Trotz der judenfeindlichen Politik der SED, und obwohl Stalin zu diesem Zeitpunkt tot war, hieß es noch 1955 aus Moskau:

> *„Die Regierung der Deutschen Demokratischen Republik hat bisher alles in ihren Kräften Stehende getan, um den deutschen Faschismus mit seinen Wurzeln zu vernichten und Bedingungen zu schaffen, die ausschließen, dass von Deutschland nochmals eine Bedrohung der Sicherheit und Existenz anderer Völker – auch des jüdischen Volkes – ausgeht. Den auf dem Territorium der Deutschen Demokratischen Republik wohnhaften Opfern des Faschismus wurde in großzügiger Weise Unterstützung und Hilfe gewährt. Die Regierung der Deutschen Demokratischen Republik hat die von den vier Alliierten festgelegten Reparationsleistungen zur Wiedergutmachung des von dem deutschen*

---

89 Keßler S. 105

Faschismus angerichteten
Schadens erfüllt."[90]

Das, was da von privilegierten Opfern des Faschismus gesagt wurde, war reine Wortklauberei. Zwar wurden beinahe allen Juden in der DDR dieser Status anerkannt, aber die Wiedergutmachungsvereinbahrung mit Israel wurde abgelehnt. Es ging in diesem Vertrag jedoch nur um die Kosten für die Flüchtlinge, die es nach Israel geschafft hatten, nicht um individuelle Entschädigung. Die DDR verweigerte diese Entschädigung jedoch nur, weil Israel, während des Kalten Krieges auf der Seite des Feindes stand.

Ebenso kann man es Wortklauberei nennen, wenn die SED sich als vom deutschen Faschismus befreit, selbst erklärte und seine Verpflichtung nur darin sehen wollte, dass man verhindert, dass dieser zurückkäme.

Gemäß der Logik der SED waren in der sozialistischen Gesellschaft alle sozialen Gegensätze und Konflikte, die zum Nationalsozialismus und Antisemitismus führen konnten beseitigt worden. Dies war jedoch nachweislich falsch. Die DDR war ein sozialistischer Nationalstaat, für den der Antisemitismus eine Option war. Dazu ein weiteres Beispiel:

„Schon im zweiten Heft der
Zeitschrift [»Aufbau«] findet
sich eine Studie von Georg
Lukács über den
›Rassenwahn als Feind
des menschlichen
Fortschritts‹ aus dem Jahr
1943. [...]
Charakteristischerweise
schließt der Begriff des
Rassenwahns bei Lukács
aber den Antisemitismus

---

90 Timm, 1997, Kapitel 4: »New Accents in the Eighties«, S. 131

ein, über dessen spezielle
Problematik dann nicht
mehr gesprochen wird. Das
ist ein folgenreiches
Denkmuster, das viel zur
Herausbildung eines
selektiven Antifaschismus
im öffentlichen
Bewusstsein der späteren
DDR beigetragen hat.“[91]

Selektiver Antifaschismus ist das Zauberwort! Die
DDR kann keine Bezüge zum Nationalsozialismus haben,
denn man kämpft ja dagegen. So einfach ist das. Nur war
der *Kampf gegen Rechts* nur eine leere Phrase, die dazu
diente, den Bürgerstaat BRD zu vernichten.

Des Weiteren, wird zum einen Juden die Existenz
seiner Nation abgesprochen und seine Existenz
materialistisch erklärt, dennoch war der Antisemitismus
unter Rassenwahn abgelegt. Also sprach man der
„jüdischen Rasse" eine Existenz zu, was schön die
Schizophrenie des DDR-Sozialismus darlegt. Man dachte
rassisch und antisemitisch demzufolge, durch seine
Behandlung der Juden, entgegnete der Kritik aber durch
das infantile Verhalten: Wir reden ja von Zionisten nicht
Juden. Oder: Wir können keine Nazis sein, denn wir
bekämpfen diese ja. China und UdSSR hätten auch beide
beinahe einen Krieg geführt, waren das etwa auch keine
kommunistischen Systeme?

Den Abstand zwischen Ideologie und Wirklichkeit fasst
Mertens folgendermaßen zusammen:
> *„Die Deutsche*

---

91 Dieter Schiller, »Alltag, Widerstand und jüdisches Schicksal. Aspekte
der Auseinandersetzung mit dem Dritten Reich in der literarischen
Öffentlichkeit der SBZ und frühren DDR«, in: Bergmann / Erb
/Lichtblau, ebd., S. 393-407, hier 394-395

Demokratische Republik (DDR) verstand sich von ihrem Staatsverständnis her als ein ›antifaschistisches‹ Land, in dem der Antisemitismus angeblich ›mit der Wurzel ausgerottet war‹. In diesem von Ignoranz gekennzeichneten Selbstverständnis der kommunistischen Machthaber lag eine der Lebenslügen des zweiten deutschen Staates begründet, da die Vergangenheitsbewältigung der Millionen Mitläufer ausblieb und nie eine ernsthafte und repressionsfreie Auseinandersetzung mit der NS-Zeit stattfand. Deshalb wurden antisemitische Grundtendenzen in der Bevölkerung bewusst negiert und vertuscht, da die DDR doch ›antifaschistisch‹ sein sollte. Zugleich wurde staatlicherseits der Antizionismus nicht nur geduldet, sondern sogar tagtäglich in den zentral gelenkten Massenmedien praktiziert.[92]

Es handelte sich also bei der angeblichen antifaschistischen DDR um ein Lippenbekenntnis. Der Antizionismus des *„realexistierenden Sozialismus"* war in Wirklichkeit derselbe Antisemitismus der NS-Zeit. Das heißt, das der in der BRD verbreitete propagandistische „Kampf gegen Rechts" organisiert von der Stasi, in Wahrheit der Injektion mit nationalsozialistischen Denkmustern war. Das erklärt nicht nur den Judenhass der westdeutschen Linken, sondern macht auch aus, durch die Stasi geförderte Organisationen, wie Antifa, eine pure faschistische Vereinigung. Ehemalige Mitglieder dieser Organisationen sind in der Politik und Innenminister und der gleichen, kontrollieren also die Polizei. Natürlich hat die deutsche Linke ein Problem unter sich. Denn die Stasi hatte diese Vereinigungen und Politsekten mit der Politik gegründet, die BRD zu zerstören. Nur gibt es inzwischen die DDR nicht mehr und alten SED Kader waren keine Autonomen, sondern vertraten nur die Vorstellung eines anderen Staates. Diesen Gegensatz muss man erstmals vereinen, was sich in internen Kämpfen der Linkspartei auch deutlich macht.

Viele Linke halten die DDR für das bessere Deutschland. So dachte auch der Jude Julius Meyer. Er war in Auschwitz gewesen, dann in Ravensbrück. Er war der Vorsitzende der jüdischen Gemeinde von Ostberlin. Dann war er Präsident des Verbandes der Jüdischen Gemeinde und hatte ein Volkskammer-Mandat der SED. Anfang 1953 wurde Meyer von der SED vor die Zentrale Parteikontrollkommission bestellt. Er vermutete das es um sein Bestreben ging in der DDR ein Gesetz zu erwirken, das Opfern des Faschismus eine Wiedergutmachung zuerkennen sollte. Die war in der Partei auf heftigen

---

92 Lothar Mertens, »Antizionismus: Feindschaft gegen Israel als neue Form des Antisemitismus«, in: Benz (Hrsg.), S. 89-100, hier 94

178

Widerstand gestoßen. Dabei war er von Paul Merker unterstützt worden. Walther Ulbricht hatte die noch immer von der Die Linke vertretene Denkweise bezeugt, dass die Verantwortung des Nationalsozialismus auf die BRD abwälzte. Die DDR habe also nichts mit den Opfer der NS-Zeit zu schaffen. Und das mit der Bemerkung: *„Von jüdischen Kapitalisten zusammengeraubte Kapitalien"* seien kein Gegenstand der Wiedergutmachung. Das ist sehr interessant, denn es erklärt die Enteignungen von Juden unter den Nazis für Gerecht und zeigt, dass man Juden als Rechte sieht.

Meyer wurde für Stunden befragt. Dabei lag der Schwerpunkt auf seinen Verbindungen zum *American Jewish Joint Distribution Comittee*, die in der UdSSR schon 1938 verboten worden war, die in den USA ansässige Organisation unterstützte Not leidende Juden in Europa. Als man ihn endlich entließ, warteten bereits sowjetische Offiziere des Geheimdienstes auf ihn, die ihn über dieselbe Angelegenheit verhörten.

Am 13. Januar 1953 wurde ihm klar, wie ernst die Situation wirklich war, als die sowjetischen Nachrichtenagentur TASS mitteilte, dass man eine jüdische Verschwörung aufgedeckt hatte. Nicht alle der verhafteten „Verschwörer" waren zwar Juden, aber die meisten und die anderen wurden als *„verkappte Juden"* bezeichnet. Eine landesweite Kampagne machte Stimmung gegen Juden. In der gesamten Sowjetunion weigerten sich die Menschen, sich von jüdischen Ärzten behandeln zu lassen. Es kam auch zu Pogromen.

Um Zeit zugewinnen, stimmte er dazu ein, mit der Stasi zusammenzuarbeiten, allerdings fertigte er falsche Berichte an. Parallel traf er Verabredungen mit dem Vorsitzenden der jüdischen Gemeinde in West-Berlin, Heinz Galinski. Sie entwarfen einen Evakuierungsplan für die Juden in der DDR mit denen Hunderten Juden die Flucht nach Westberlin gelang.[93]

---

93 Annette Leo: Die 'Verschwörung der Weißen Kittel'. Antisemitismus
in der Sowjetunion, zitiert von vgl Foitzik

9. Die Linke Apokalypse

Warum Konservative sich gegen das Eindringen, eines so fremdartigen Gebildes wie den Islam wehren, ist klar und sticht sofort ins Auge. Es soll daher hier nicht weiter erläutert werden. Viel verwunderlich ist es jedoch das sich die deutsche Linke so sehr an den Islam anbiedert. Mir fällt bereits seit Jahren auf, und dies ist ein Phänomen, welches alle westlichen Länder mit muslimischer Minderheit aufweisen, dass all jene die sich dieser anti-islamischen Stimmungsmache widersetzen und penetrant bei jeder sich bietenden Gelegenheit als Beschützer und Interessenvertreter der Muslime gerieren, nahezu ausschließlich der politischen Linken angehören. Von gemäßigt-links, über religiös-links bis hin zu linksextrem ist alles in diesem Lager vertreten. Die Werte des Islam sind erzkonservativ und reaktionärer, steht dem, was die Werte der Linken sein soll, zumindest angeblich, als Antipol entgegen. In der Tat könnte man zwischen Islam und Konservative mehr Ähnliches entdecken, als mit den Linken. Und daher stellt sich die Frage, was soll das?

Man kann vom Islam halten was man will, aber jedenfalls hat er seine Werte und Moral, die sich mit unseren nicht vereinbaren lassen und für viele unakzeptierbar sind. Doch es sind Werte und Moral, wie sie singulär für diese Kultur und Religion sind.

Dahin gehend predigt die deutsche Linke Dekadenz, Antimoral und Verkommenheit. Ich rede hier von der Linken, die Teil des Establishment ist, das sie vorgeben zu bekämpfen.

Mit eben dieser Linken verbindet der Islam rein gar nichts, weder in politischer, sozialer oder weltanschaulicher Hinsicht. Außer vielleicht im Antisemitismus. Das Weltbild eines Moslems steht dem dieser deutschen Linken

181

vollkommen entgegengesetzt gegenüber. Es gibt Muslime, die das sehr wohl erkennen, wenn sie gemäßigt und gebildet sind. Andere aus niederen sozialen Verhältnissen erkennen das nicht, weil sie nicht die geistigen Fähigkeiten haben etwas weiter zu schauen, als auf ihre Fußspitzen. Sie glauben, sich gegen einen Kampf gegen Islamophobie zu sehen. Dieser irreale Begriff ist nur ein Kampfbegriff, mit unklaren Inhalten, der in Mekka erfunden wurde. Sie reden sich sogar Gemeinsamkeiten ein, weil sie ihren Manipulationen auf den Leim gingen. Sie verteidigen diese falschen Vorstellungen radikal und offenbaren nur, wie wenig sie von ihrer eigenen Kultur und Religion wissen.

Es handelt sich hierbei um Leute, die bei gleichzeitigen, leidenschaftlichen Sympathiebekundungen für Muslime und ihre Bedürfnisse alle nur denkbaren Kübel des Hasses und Spottes insbesondere über konservative Juden oder Christen und ihre Werte ausschütten und bspw. den Papst zutiefst verabscheuen, nur weil dieser unter anderem gerade noch den nötigen Rest an Mut aufbringt, die Homo-Ehe und voreheliche Geschlechtsverkehr (wenn man so möchte, neben Abtreibung, Umweltschutz zugunsten "Mutter Natur" und Drogenkonsum die "fünf heiligen Säulen" linker Ideologie) ab zu lehnen.

Ich möchte da nur einmal ein Beispiel nennen, Claudia Roth trat 1981 aus der katholischen Kirche aus, um damit gegen deren Haltung gegenüber der Frau zu protestieren. Vor einiger Zeit dann fuhr sie in den Iran und legte eine ganz Körperverschleierung an. Das Beste allerdings kommt noch! Sie fuhr in den Iran, um dort an einer Konferenz von Holocaustleugnern teilzunehmen, zur gleichen Zeit unterstützte sie via Facebook ein Auschwitz-Gedenkfeier. Weniger als eine Woche nach ihrer Rückkehr wurde im Iran eine Frau wegen außerehelichen Sexualverkehres hingerichtet, sie war vergewaltigt worden. Claudia Roth ignorierte das.

Es ist eine wohlbekannte Tatsache, dass die Religion,

182

sofern diese sich nicht als linke Befreiungstheologie umfunktionieren und instrumentalisieren lässt, allgemein verabscheut, als *„Opium des Volkes"*, der *„armen, unterdrückten Kreatur"* bezeichnet wird. Dies ist der Hauptgrund linker Politik für die leeren Versprechungen von der Anhebung des Lebensstandards der bescheidenen Schichten, um diese durch ein angenehmeres irdisches Leben von der Religion ab zu bringen. Jeder, der aufmerksam der Politik folgt, wird auch hier erkennen, dass die Linken es zwar sagen, aber nicht tun. Je mehr Linke an der Regierung beteiligt sind, desto mehr soziale Probleme und zunehmende Verarmung gibt es. Unfähigkeit oder Absicht?

Insbesondere im extremeren, marxistischen Lager gibt es keinerlei Sympathie für jegliche Form der Spiritualität. Die politische Linke hat zudem vor allem in den 60er Jahren, in denen der Marxismus über die subversive Ideologie der Frankfurter Schule zu einer erneuten Blütezeit gelangte, die Grundlagen dafür geschaffen, grundlegende Werte, die einst auch dem Westen zu eigen waren, wie Keuschheit, Familienzusammenhalt und Achtung vor der Autorität sowie fundamentale gesellschaftliche Institutionen wie die Ehe bzw. die Familie einem stetigen Zersetzungsprozess auszuliefern, um diese nachhaltig zu zerstören, was ihnen im Nachhinein betrachtet, zweifellos gelungen ist. Dieser soziale Verfall und jener der Moral, werden bewusst gesteuert und gefördert von den Linken. Zum Beispiel in der Rückführung psychopathischer Djihadisten und Förderung von Pädophilen. Und seien wir mal ehrlich, was hätte man in der DDR mit einem Pädophilen gemacht?

Insbesondere auf die Institution der Familie (für die linken Intellektuellen der Frankfurter Schule die *„Keimzelle des Bösen"*) haben es Linke seit Anbeginn ihrer Formation und Agitation abgesehen, sei sie doch gemäß ihres Ziehvaters Marx aufzuheben, da sie für die Versklavung von Frau und Kind stehe und langfristig betrachtet einem anti-autoritären und kommunistischen Utopia und kurz- bis mittelfristig einem sozialistischen Staat, welcher schon in der Wiege die Erziehung und geistige Formung der Kinder übernimmt, im Wege stehe. Auch hier ist Sparta das ursprüngliche Vorbild. Das geeignete Instrument hierfür war der Feminismus, welcher insbesondere im Zuge der 68er Revolution in noch radikalerer (marxistischer) Form einen neuen Auftrieb gewann und sich insbesondere nach dem vollzogenen Marsch der 68er durch die Institutionen in der politischen Praxis niederschlug und in immer groteskeren Formen auftrat.

All dies hat nicht nur zu einer drastischen Senkung der Geburtenrate, sondern auch zur Zerschlagung der (im Islam heiligen) Familienbande geführt. Des Weiteren dürfte auch das heutige anti-islamischen und vom Feminismus beeinflusste, männerfeindliche Familien- und vor allem Scheidungsrecht, Männer von einer Familiengründung abhalten oder davon Kinder, in welchem Rahmen auch immer, in die Welt zu setzen. Bald nach der mit fadenscheinigen Argumenten begründeten und geplanten Einführung der Ganztagsschule, werden wir uns gesellschaftlich genau dort befinden, wo Marx uns haben wollte. Dann besitzt der Staat das alleinige Monopol auf die Erziehung von der Wiege bis zum Erwachsenenalter.

Noch in den 70er Jahren besaß ein Facharbeiter sein Eigenheim und Auto, die Frau arbeitete nicht, denn das Gehalt des Mannes deckte alles ab. Es gab auch Ehen wo die Rollen getauscht wurden. Das ist ja in Ordnung. Das Problem ist, das heute, danke der Linken Politik zur Vernichtung der Mittelschicht, die Armut zunimmt. Man braucht heute trotz Arbeit, Zuschüsse aus den Sozialkassen oder mehrere Arbeitsstellen, wohingegen die Ehefrau ebenso arbeiten muss, damit das Geld ausreicht. Ziel der Linken ist nicht nur die Familie zu zerstören,

184

sondern durch Not Aggression und Unzufriedenheit zu erzeugen. Es waren die Linken, speziell die Rot-Grüne Schröderregierung, die die Marktwirtschaft in der BRD vernichtete. Warum hatte bereits viele Jahre zuvor Rudi Dutschke erkannt. Gemäß seiner richtigen Einschätzung lässt die Marktwirtschaft den Arbeiter am Reichtum teilhaben, dadurch wird er aber zufrieden und das System stabil, weil er von der sozialistischen Revolution abgehalten wird. Ergo ist es notwendig für den Linken Unzufriedenheit zu erzeugen, damit er an sein Ziel gelangt, dass Stürzen des Systems.

Der zweite andere Totengräber der Familie war neben dem von Grund auf anti-familiären Feminismus die ebenso marxistische Praktik der sogenannten „freien Liebe", voran getrieben und verbreitet durch die sexuelle Revolution der 68er. Das beinhaltet Sex unter Verwandten ersten Grades. Und bei aller berechtigten Kritik am Islam, das erlaubt nicht mal dieser. Die Haltung hinter dieser Philosophie findet ihren konzentrierten Ausdruck in dem unfassbar dämlichen Ausspruch: *„Wer zweimal mit der Gleichen pennt, gehört zum Establishment!"*. Die Folge dessen war im Übrigen nicht nur wie bereits erwähnt die Erosion der Familie, sondern auch die Zunahme und Verbreitung von Geschlechtskrankheiten wie AIDS, die Sexualisierung unserer Gesellschaft und die Enttabuisierung von perversen Sexualpraktiken, welche das Verbreiten von Geschlechtskrankheiten zusätzlich förderte, sowie die gefährliche Zunahme von linkerseits als „emanzipatorisch" gefeierte Pornografie, die zudem noch als Katalysator für all dessen wirkt. Ein weiterer dritter Faktor, der sich besonders heute äußerst verheerend auf die Familienstruktur auswirkt, ist die von Linken initiierte totalitäre Homosexuellenbewegung. All dies geschah selbstverständlich mit voller Absicht entlang der Vorgaben bzw. der politischen Langzeitprogrammatik des kommunistischen Manifests. So zum Beispiel wurden selbst

185

Transsexuelle und Pädophile in der
Homosexuellenbewegung untergebracht, um dieser stärker
zu machen, obwohl das völlig verschiedene Gruppen, mit
andersartigen Philosophien sind. Dahinter steckt erneut die
Frankfurter Schule und der neue Kommunismus, der darauf
beruht Minderheiten, eben auch den Islam, wie mit den viel
besungenen Reisigzweigen, die einzeln gebrochen werden,
nicht aber als Bündel, zusammenzufassen.

Vor diesem Hintergrund ideologisch völlig
unüberbrückbarer Differenzen stellt sich die Frage wie sich
dieses widersprüchliche und scheinbar völlig inkonsequente
Verhalten der Linken erklärt. Dieses Verhalten sollte bei
Muslimen nicht nur eine Alarmleuchte auslösen, sondern
auch die Frage stellen: Warum erregten und erregen bereits
erwähnte konservative Werte und strenge moralische Sitten
einerseits im christlichen Milieu bei Linken völlig getreu
ihrem ideologischen Überbau abgrundtiefe Abscheu, ja
eliminatorischen Hass, der sich mitunter in Gewalt
niederschlägt und andererseits bei Muslimen, bei denen
jene Sitten noch strenger sind und ernster genommen
werden, scheinbar nicht? Warum sind jene Werte, sofern
sie unter Juden und Christen und Konservativen üblich
sind, seit jeher Gegenstand vernichtender und beißender
Kritik, bei Muslimen aber in den meisten Fällen nicht einmal
ein Erwähnen wert? Warum ständig dieses Angebiedere,
obwohl Muslime die personifizierte Repräsentanz alle
dessen sind, was Linke so abgrundtief hassen?

Es ist integraler Bestandteil des linken Weltbilds,
wobei es hier völlig gleichgültig ist, an welchem Ende des
linken Spektrums man sich befindet, mit seinem
universellen Anspruch besagte Werte und Institutionen zu
vernichten und daraufhin aus diesen Trümmern entlang
seiner ideologischen Vorgaben eine neue weltweite
Gesellschaft zu errichten. Der schleichende Prozess der

gesellschaftlichen Zersetzung, das Erzeugen der Dekadenz und moralischer Niedergang, vor allem der Familie ist ein von allen Linken, wenn auch zumeist aus taktischen Gründen verheimlichter, aber dennoch gewollter Vorgang, an dem sie alle, welcher Schattierung auch immer, maßgeblichen Anteil hatten und der für die notwendige darauf zu folgende weltweite Transformation zu einer sozialistischen Ordnung notwendig ist. Das von Ihnen erzeugte Chaos dient dazu, das der alleingelassene Mensch willigt die Kontrollmechanismen des Linksfaschismus akzeptiert. Das ist es, was die Frankfurter Schule lehrt.

Um ein weiteres Beispiel zu nennen und um die Politik des Bündels der Minoritäten zu verdeutlichen. Sehen wir uns die Juden in Deutschland an. Der Zentralrat der Juden, als größte Interessenvertretung, steht im Schulterschluss mit der deutschen Linken gegen die Konservativen. Ich hoffen aus Ignoranz und nichts Verwerflicheres. Auch ihnen sollte eigentlich klar sein, wie die Juden weltweit von Sozialisten grundsätzlich behandelt wurden. Dies wird völlig ignoriert. Auch sie müssen wissen, dass die Politik der deutschen Linken zur Vernichtung des Judentums führt. Nun gut, einige von ihnen haben die Alternative nach Israel zu gehen. Aber eben einige und nicht alle. Nichtsdestotrotz verbreitet man auch dort die Geschichte der jüdischen Großeltern von Gregor Gysi, um zu sagen: Das ist einer von uns! Nein, ist er eben nicht! Und dann stehen sie da und wundern sich über den Selbsthass gewisser Juden im Sozialismus, die Israel hassen und ihr Volk. Dieses seltsame Wort Selbsthass, genauso wie Islamophobie, erklärt nicht das Problem, sondern übermalt es nur. Diese Juden, in ihrer Eigenschaft als Sozialisten, haben erkannt, dass es keinen jüdischen Staat, Nation und Kultur geben darf für eine sozialistische Weltrevolution. Ben Gurion zum Beispiel hatte dies erkannt, diese Ursache des linken Antisemitismus. Zur Zeit des Algerienkrieges hatte er nicht die geringsten Skrupellose sich mit den schlimmsten Antisemiten der extremen französischen Rechten zu verbünden. Warum? Ganz einfach. Der Rechte Antisemiten hasst zwar auch Juden akzeptiert aber dennoch die Existenz eines jüdischen Staates. Der Linke Antisemit hingegen tut das nicht und streitet dem Juden auch das individuelle Existenzrecht ab.

Nichts darf der sozialistischen Revolution im Wege stehen. Und dafür müssen selbstredend auf Dauer letztlich auch die Traditionen und das Gefüge des Islams (oder Judentums und jeder anderen Religion) zertrümmert werden. Es handelt sich um das Prinzip des Urkommunismus, dessen Endstadium etwa in Kambodscha unter Pol Pot zusehen war. Als schon Personen, die eine Brille trugen, getötet wurden, und zwar nur aus diesem Grund. Da sich die deutsche Linke, aber auch die gesamte europäische Linke, vor dem Militär, also einem Staatsstreich, fürchtet, nimmt man hier noch andere Wege, versucht aber das Militär lahmzulegen. Ich erinnere daran das Die Grünen, die Abschaffung der Bundeswehr forderten, aus angeblichen Pazifismus. Doch sie hatten nie Probleme mit den spenden aus der Waffenlobby. Gleichzeitig sind sie Hauptfinanzierer der Staatsfeindlichen und radikalisierte und zu dem hochgradig gewaltbereiten Antifa, mit der sie sich eine Privatarmee schaffen, die die Revolution erkämpft. Es kommt aus diesem Grunde auch nicht von ungefähr, das sie so wegen der IS-Dschihadisten verhält oder andere ausländischen Problemen, die sie aus angeblicher Menschenliebe nach Deutschland bringen wollen. Es geht um die sozialistische Revolution. Diese soll möglichst bald beendet werden, denn sie begann bereits mit der Schröder-Regierung. Doch eines soll jedem klar sein, der noch immer meint den Mund halten zu müssen, die Schaffung des Neuen Menschen muss, wie überall auf der Welt, zwangsläufig in Totalitarismus und

Konzentrationslagern enden, um sich der nicht integrierbaren anzunehmen.

Letzten Endes, (und dies sollten sich speziell jene denkunwilligen Muslime hinter die Ohren schreiben, die meinen sie müssten aus Gründen der gesellschaftlichen Akzeptanz einen relativistischen, liberalen, politisch-korrekten Pseudo-Islam vertreten bzw. herbei konstruieren), muss darüber hinaus auch der Islam in seiner lediglich rein spirituellen Form, als Vorbedingung zu einem kommunistischen „Paradies auf Erden", einem atheistischen Materialismus weichen.

Diesbezüglich kann es angesichts der Ideologie der Linken und des danach ausgerichteten, weltweit zu beobachtenden gesellschaftlichen Wandels, voran getrieben vor allem von NGO´s, Menschenrechtsorganisationen und der UNO, nicht den geringsten Hauch eines Zweifels geben. Deswegen ergibt eine ehrliche pro-islamische Position aus der Sicht eines konsequenten, per Definition (gesellschafts-)revolutionären Linken nicht den geringsten Sinn. Und vor genau diesem Hintergrund müssen die Muslime das krampfhafte Gekrieche der Linken betrachten. Folglich kann es sich bei dem pro-islamischen Gebaren zumindest im Falle hochrangiger linker Politiker und sonstiger Schlüsselpersonen nur um eine doppelzüngige Taktik handeln. Es muss in Anbetracht vorangegangener Beobachtungen schlicht als subtilere Rekrutierungsstrategie gegenüber den Muslimen gesehen werden.

Es ist wohlan zunehmen, dass man in linken Führungskreisen davon ausgeht, dass Muslime zum einen als häufiger unter Armut und Marginalisierung leidende Bevölkerungsgruppe eher empfänglich für linksrevolutionäre Ideen sind. Vor allem aber sind die Muslime als Kollektiv gleichzeitig als potenziell gefährlichster, weil das linke Gesellschaftsprojekt in Gefahr

189

bringender, ideologischer Gegner, der schnellstens neutralisiert werden muss, einzuschätzen. Das heißt, Muslime werden nach der sozialistischen Revolution, wohl noch vor den Juden in die KZs gelangen. Vorzugsweise wird es aber wohl so gedacht sein, das die Muslime die Juden töten sollen, um sie dann unter diesem Grund zu jagen.

Dieses Umwerben ist also nicht Ausdruck einer Form der Sympathie, sondern der Feindschaft und Angst. So wie man bspw. in Mafiakreisen einen Gegner mit Bestechung zu rekrutieren versucht, bevor man ihn im Falle eines Scheiterns dieses Versuches liquidiert. (Haben Linke vereinzelt hier und da verstanden, dass sich die Muslime niemals von ihrer Religion trennen und zu ihrem Weltbild konvertieren werden, dann zeigen sie offen ihre Feindschaft und gehen dazu über Muslime offen zu bekämpfen, siehe unter anderem Alice Schwarzer, Günther Wallraff, Thea Dorn und den Antifa-Pöbel.) Gleiches gilt aber mit jedem Angehörigen einer Minderheit, der sich nicht dem linken Willen beugt. Ich nannte in meinem Blog bereits mehrere Beispiele. Aber auch aus eigener Erfahrung kann ich berichten, wie überraschend schnell der Gutmensch vom *„Judenschwein"* und *„Judenknecht"* redet und das in dem vollen Bewusstsein, dass es sich um den Jargon nationaler Sozialisten handelt. Denn hinter der Maske der international-sozialistischen Anzugträger im Bundestag und nationaler Sozialisten in der Waffen SS schmelzen die Unterschiede zusammen, da passt dann höchstens noch ein Blatt Papier dazwischen.

Einige werden jetzt vermutlich einwenden es ginge nur darum Wahlstimmen von Muslimen zu bekommen. Doch dabei wird ausgeblendet, dass es hier nicht nur darum geht, die Macht zu bekommen, sondern, dass betreffende Personen um jeden Preis ein fest umschriebenes gesellschaftspolitisches Programm umsetzen wollen, welches die gesamte Gesellschaft umfassen soll. Außerdem muss bedacht werden, dass mit diesem extremen Durchpeitschen des Islam und einer erzwungenen Islamisierung keine Integrierung erreicht wird, sondern lediglich ein Hass erzeugt wird, der derart anschwellen das es zu Mord und Totschlagen, eben das gewünschte Chaos, kommen wird. Danach sagt der Linke: Das kapitalistische System hat versagt, es lebe der Kommunismus! Und das geschundene Volk wird darauf als Antwort brüllen: Heil Marx! Man betrachte, dass die Linken seit Jahrzehnten das so machen. Die wirtschaftliche Situation der Gegenwart ist eben nicht verursacht durch das Versagen des Systems, sondern durch die bewusste Zerstörung der Marktwirtschaft, zu der unter der Rot-Grün Regierung die Weichen gestellt wurden. Das wird aber ausgeblendet. Da beklagt doch die deutsche Linke tatsächlich, die Verarmung der Arbeiterklasse, obwohl dies durch den Billiglohnsektor ermöglicht würde, den Rot-Grün geschaffen hatte. Nun reden sie vom Grundgehalt, um sich als die Retter aus einem Problem feiern zu lassen, dass es ohne sie gar nicht gegeben hätte. Diese Wirtschaft, genauso wie die erschreckende Radikalisierung, die im Bürgerkrieg enden wird, würde von den Konservativen Anfang der 90er vorhergesagt.

Der universelle Anspruch der Linken in ihren eigenen Messiasmythos erstreckt sich auf die gesamte Menschheit. Hierfür ist es erst einmal notwendig ebenfalls die Muslime, neben anderen, an Bord zu bekommen, genauso wie man es geschafft hat die (vor allem protestantischen) Christen, bzw. das, was von ihnen übrig geblieben ist, zu vereinnahmen und zu einem kümmerlichen Haufen politisch-korrekter Relativisten und Ja-Sagern umzuerziehen, für die es kaum wichtigere Werte gibt als Toleranz für Schwule und Lesben und die Rettung des Regenwaldes. Was aber hier vor ihren Augen abgeht wird ignoriert.

Präziser ausgedrückt: Es geht darum die Muslime vollständig, das heißt politisch, weltanschaulich und geistig, zu vereinnahmen, ihnen die linke Ideologie inklusive ihrer Dekadenz überzustülpen. Die islamische Welt ist die einzige Weltregion, die noch eine eigene Kultur aufweist und in der Religion noch einen elitären Platz in der Gesellschaft einnimmt. Das ist unmöglich mit der Linken Weltsicht vereinbar. In derselben Situation befinden sich muslimische Minderheiten im Westen. Beide sind global und national gesehen der letzte Stolperstein auf dem Weg ins weltweite gottlose sozialistische „Paradies". Zweifellos muss man die von vorwiegend linken Parteien unterstützte Einwanderung von Muslimen auch unter diesem Aspekt betrachten. Der Plan ist, ihnen und der Aufnahmegesellschaft die Dekadenz über zu stülpen und diese Dekadenz über die muslimischen Minderheiten im Westen in die islamische Welt zu exportieren. Deswegen die großzügige Sozial-, Einwanderungs- und Asylgesetzgebung, Geschenke wie Quotenregelungen, Islam-Unterricht etc., um nicht nur möglichst viele Muslime in den degenerierten Westen zu locken, sondern eben dort durch einen möglichst angenehmen Aufenthalt - Stichwort „Willkommenskultur" - zumindest in die linke Dekadenz der Mehrheitsgesellschaft zu „bestechen" und zur Infizierung zu bewegen. Daher auch immer dieses Geschwätz von der Entwicklung einer europäisch-islamischen Theologie, die unabhängig ist von der in Medina und an der Al-Azhar-Universität. Das Problem hierbei jedoch ist, dass man ganz genau weiß, dass die Muslime in ihrem Glauben viel zu gefestigt sind, um sie mit bloßer, zersetzender Kritik vom Islam abzubringen.

Darüber hinaus würde offene Kritik am Islam eine Verhärtung der Fronten und eine feindselige Trotzhaltung, die einer Offenheit für neue Ideen im Wege stünde, fördern. Und welche Strategie eignet sich daher besser als die Muslime mittels Schmeichelei z.B. durch eine großzügige

Sozialpolitik (in der es im Übrigen auch darum geht die Abhängigkeit vom Staat zu zementieren) nebst Asylgesetzgebung, Quotenregelungen usw. sowie eine einwanderungsfreundliche Politik und vor allem rhetorische Schützenhilfe gegen die Konservativen zu vereinnahmen?

Man appelliert hier geschickt an die Sorgen und Nöte vieler hiesiger Muslime wie z.B. die Angst vor Diskriminierung, Rassismus und außenpolitische Themen, wie bspw. die Situation der Palästinenser. Man demonstriert für den Bau von Moscheen (in denen in vielen Fällen ohnehin nicht der Islam gelehrt wird). Man nutzt hier außerdem geschickt vorhandene Sprachbarrieren, die es vielen Muslimen erschweren sich zu artikulieren, um sie so zu bevormunden, ihnen Dinge aufzuschwatzen und ihre Gunst zu erlangen. Zumal die Muslime insbesondere seit dem 11. September 2001 ständig von Konservativen bedrängt werden, was den Linken die zusätzliche günstige Gelegenheit verschafft sich als einziger Retter in der Not zu präsentieren. Dazu scheute man nicht im geringsten zu behaupten das grausame Verstümmlungen und öffentlichen Hinrichtungen nichts mit dem Islam zu tun haben. Dabei handelt es nur um die Neuauflage ihrer eigenen Verteidigung, dass die Toten des Kommunismus nichts mit dem Kommunismus zu tun haben.

Hinter dieser Strategie verbirgt sich die Hoffnung, dass die Muslime langfristig betrachtet, begeistert und beeindruckt von diesem vermeintlich selbstlosen Engagement und der Nettigkeit ihrer linken Gönner, schließlich freiwillig zur linken Dekadenz konvertieren oder sich durch das (augenscheinliche) Entgegenkommen und die Unterstützung wenigstens dazu kompromittieren lassen, ihrerseits den Linken entgegen zu kommen, indem sie bestimmte Positionen übernehmen oder eigene zumindest abschwächen. (Vor allem natürlich was die Stellung der Frau bzw. den Feminismus oder die Position zur Homosexualität - hier berühren wir die zwei heiligen

Grundpfeiler zeitgenössischer linker Politik - angeht. Oder wie soll man das Engagement bspw. für die Einführung des Islam-Unterrichts und die rechtliche Gleichstellung des Islams von einer Figur wie Volker Beck beurteilen? Warum die regelmäßigen, überaus blumig-süßlichen Grüße zum Ramadanfest von Klaus Wowereit? Eine weitere in diesem Zusammenhang übrigens äußerst beliebte psychologische Methode Muslime für die Unterstützung von Homosexuellen zu vereinnahmen und sie somit damit einhergehend ebenfalls zu mehr Toleranz, Offenheit und Akzeptanz zu bewegen, ist es Muslime und Homosexuelle ständig, bei jeder Gelegenheit und überall als angeblich marginalisierte Gruppen in einem Zusammenhang zu nennen. Siehe bspw. bestimmte Studien verschiedenster linker Organisationen die *„gruppenbezogene Menschenfeindlichkeit"* in gefälschten Umfragen, in welchen Vorurteilen gegenüber Muslimen, Homosexuellen und emanzipierten, arbeitenden Frauen und anderen Gruppen „belegt" werden. Es geht um die Bündelung der Minderheiten, um sie mit Dekadenz zu vereinen zum Neuen Menschen des Sozialismus. In dem alles gleich sei. Hier geht es ganz klar darum Muslimen zu suggerieren sie befänden sich als angeblich diskriminierte Gruppen in einer Art Interessengemeinschaft mit Homosexuellen und Emanzen und müssten, wie bereits erwähnt, den Homosexuellen und Emanzen bzw. Feministinnen folglich entgegen kommen und ihnen mit Empathie begegnen.

Ein weiteres widerwärtiges Beispiel des Vereinnahmungsversuchs ist das Verteidigen des Kopftuchs vonseiten von zunächst merkwürdigerweise Feministinnen. Im Fahrwasser dessen jedoch wird, das Kopftuch kurzerhand zu einem Symbol des Feminismus und der Emanzipation umdefiniert und nicht des Gehorsams gegenüber dem Islam. Daraufhin werden sich viele Musliminnen durch das Einsetzen für die Möglichkeit, dass sie das Kopftuch überhaupt tragen dürfen, insbesondere kompromittiert fühlen, diese Definition an zu nehmen, um ihre Mitstreiterinnen nicht vor den Kopf zu stoßen.)

Betrachten wir, um mal ein konkretes Beispiel zu nehmen, und hierbei handelt es sich um ein Thema, welches uns zurzeit am meisten tangiert, da man hier bei Kindern ansetzt, den geplanten Islamunterricht. Dieser wird ganz besonders von den Parteien die Grüne, SPD und die Linke unterstützt. Nun, wer wird so naiv sein und im Hinblick darauf allen Ernstes annehmen, es ginge hier darum, muslimischen Kindern einen authentischen Islam zu unterrichten?

Viele Muslime werden in diesem Zusammenhang bereits den Begriff *„Euro-Islam"* zu Ohren bekommen haben. Es wird selbstverständlich darauf hinaus laufen, dass man Kindern einen europäischen Pseudo-Islam bei bringt, in dem es keinerlei Dogmen oder Werte gibt, außer natürlich Toleranz für Schwule und Lesben, Gleichberechtigung von Mann und Frau und Mülltrennung. Über Mohammed wird man wohl erzählen, dass er ein schwulen und lesbentolerierender, ökologisch orientierter, männlicher Feminist gewesen sei. Dasselbe gilt für das neu eingerichtete Studium der islamischen Theologie. Abgeschlossen und für geglückt erklärt wird der Prozess der Integration wohl spätestens dann, wenn pseudo-islamisch legitimierte Homo-Ehen stattfinden, in Moscheen Jazzmusik gespielt wird und Hormonjogakurse stattfinden. Wenn es als I-Tüpfelchen irgendwann noch weibliche Imaminnen gibt, die am besten alleinerziehend sind ála Käßmann, idealerweise mehrere Abtreibungen hinter sich haben und lesbisch sind, sowie einen entsprechenden Haarschnitt haben, dann gelten die Muslime vermutlich als vollständig in dieser Gesellschaft angekommen.

Zusammenfassend lässt sich sagen: Es geht den

Linken um nichts weniger als um die Zerstörung der Muslime und des Islam von innen durch die Aufoktroyierung ihrer Dekadenz. Im Grunde bieten sie folgenden trügerischen Handel an: Sie garantieren Unversehrtheit und volle Bürgerrechte, sofern Muslime im Gegenzug zu Ihresgleichen werden und lediglich nominell Muslime bleiben - mit anderen Worten quasi muslimische Jürgen Flieges werden. Als Nebeneffekt kann man Muslime wie andere Minderheiten noch aktiv dazu instrumentalisieren den Sozialismus einzuführen, z.B. indem man in Wahrheit für diese völlig nichtsnutzige Quotenregelungen für den Arbeits- und Wohnmarkt einführt, um so das freie Unternehmertum und das Konzept von Privateigentum an zu greifen. Oder Unterbringung der Asylanten in Privatwohnung, Schaffung also von Kommunen und Enteignung. Das ist Kommunismus! Dazu werden in den Medien sogar angebliche freiwillige Beispiele präsentiert, die seltsamerweise auch alle ganz wunderbar klappen. Jeder, der schon länger ins ferne Ausland reiste, weiß was ein Kulturschock ist, der immer eintritt, wenn auch nicht immer in gleicher Form verläuft. Es handelt sich also um inszenierte Fälle die Statisten werden bezahlt. Oder wie sonst ist zu erklären, dass unser Marihuana Freund Chem Özdemir über Toleranz zu Muslimen predigt, aus seinem Haus aber die Moschee vertreibt, die da schon war, ehe er einzog. Er fühlte sich belästigt. Oder der DGB der medienwirksam seine Räumlichkeiten für Asylanten öffnete, nach zwei Wochen dann bereits diese von der Polizei unter Schlagstockeinsatz vertreiben ließ. In den deutschen Medien wird der Ausgang dieser Aktionen aber immer verschwiegen.

Doch dieses wichtige Thema kann hier nicht weiter erörtern werden. Wird es, mal nebenbei erwähnt, dann dank dieses Präzedenzfalles irgendwann Quotenregelungen für Homosexuelle, die Hätschelkinder der Linken schlechthin, geben, durch die unter anderem

196

.

Moslems dazu gezwungen werden eben jene einzustellen oder bei sich wohnen zu lassen? Oder sollte, so wie natürlich verständlicherweise von einigen Muslimen gefordert wird, Kritik am Islam unterbunden werden, weil diese die Muslime verletze, mit der Folge, dass danach Selbiges mit Kritik an Homosexuellen geschieht? Die Konsequenz wäre, dass Muslime danach in ihrer Meinungs- und Religionsfreiheit eingeschränkt sind, also in einer Diktatur ankommen, die sie selbst errichteten. Diese Gedankengänge sind linken Intellektuellen und Strategen definitiv zu zutrauen. Dies sollten jene Muslime bedenken, die solche Gesetzesinitiativen befürworten. Denn ihnen fehlt die Fähigkeit ein paar Schritte vorauszudenken. Man sollte in diesem Zusammenhang auch die Frage erörtern, warum Islamophobie dem unsäglichen Schlagwort Homophobie fast gleicht. Man versucht auf wirklich jede erdenkliche Art und Weise Muslime zu vereinnahmen.

Man muss zwangsläufig zu der Erkenntnis kommen, dass die Linken somit eine viel größere, weil subtilere, Gefahr für Muslime darstellen als die Rechten, die immer hin ehrlich sagen was sie denken. Während bildlich gesprochen die Rechten mit Motorsägen Jagd auf Moslems machen, lächeln die Linken ihnen freundlich ins Gesicht, reichen die Hand und verbergen die Spritze mit dem langsam wirkenden tödlichen Gift in ihrer anderen Hand hinter dem Rücken. Darüber hinaus hat das langfristig tödlich wirkende Gift die Nebenwirkung, dass Muslime sich selbst erniedrigen und bis dahin freiwillig als Wasserträger ihrer politischen Agenda missbrauchen lassen. Teile beider Flügel des politischen Spektrums haben die Muslime als ihre neuen Feinde aus erkoren, doch die Linken bekämpfen sie auf eine viel niederträchtigste Art und Weise.

Der rechte Flügel soll die assimilierungsunwillige Mehrheit der Muslime gnadenlos unter Druck setzen und ihnen das Leben schwer machen, so dass sie in die Hände der Linken getrieben werden, die ihnen dann ihre Weltsicht zu verkaufen versuchen. Zu jenen gehören im Übrigen auch ganz besonders besagte ultra-liberale Protestanten, die Muslime ständig mit interreligiösen Dialogen, Nachmittagen, Reisen, Festen und sogar Gebeten und weiß der Kuckuck noch was belästigen, um eine Atmosphäre zu schaffen, in der einer Art Amalgam-Religion Vorschub geleistet wird und in der muslimischen Kindern vor allem vermittelt wird, dass alle Religionen richtig seien und jeder Neue Mensch ins Paradies käme. Hier und da finden mittlerweile sogar in Grundschulen verordnete interreligiöse Gebete statt.

Insbesondere für die muslimischen Kinder und Jugendlichen, die noch nicht gefestigt sind in ihrem Glauben, tut sich eine nicht zu unterschätzende Gefahr auf. Sollte sich durch die Subversion der Linken und ihrer Agenten innerhalb der muslimischen Gemeinde oder durch die Vorbildfunktion bestimmter Quoten-Mustermuslime der Linken wie Cem Özdemir linke Dekadenz unter Muslimen ausbreiten, so wird dies ähnliche Folgen zeigen wie bei den Nicht-Muslimen: zerfallende Familien, eine selbstvernichtende Geburtenrate und allgemeine Gottlosigkeit. Kurz und bündig auf den Punkt gebracht: ihnen droht genau die Selbstvernichtung, wegen der die westlichen Völker aufgrund ihrer Dekadenz jetzt stehen.

All dies sei noch denjenigen Muslimen gesagt, die, und sei es hier auch nur aus taktischen Erwägungen, Linke als Bündnispartner gegen Rechts betrachten und vor allem aber auch denen, die sich mit ihnen in einer Solidaritätsgemeinschaft gegen „westlichen Imperialismus" sehen, während sie im Grunde genommen von ihnen dabei lediglich für die Errichtung eines weltweiten sozialistischen Staates benutzt und vereinnahmt werden, in dem es letztendlich keinen Platz mehr für sie und den Islam gäbe. Daher auch das krampfhafte Einzwängen der Versuche von Muslimen westliche Einmischung in ihren jeweiligen

Ländern zu unterbinden ins sozialistische weltrevolutionäre Klassenkampfschema (siehe hier vor allem Chomsky, der allen Ernstes meint, die USA führten Krieg gegen die islamische Welt und den Islam, weil der Islam die „Religion der Armen" wäre und Muslime arm seien). Dieser Logik zufolge hätte die Islamische Welt in Frieden existiert, ehe sich die USA oder europäische Kolonialmächte für sie interessierte. Im Historischen Kontext gesehen, war das ohnehin eine sehr kurze Periode. Und doch ist diese Logik, demzufolge es den blutigen Krieg zwischen Irak und Iran nicht hätte geben können, nachweislich falsch. Es geht hier nicht um eine Auseinandersetzung von Arm gegen Reich, ausgebeutete Dritte Welt gegen den bösen kapitalistischen Westen und für einen Sozialismus, die Linke Ersatzreligion schlechthin, sondern schlicht um das urmenschliche Bestreben nach Selbstbestimmung, Unabhängigkeit und Freiheit. Es geht den antiimperialistischen Sozialisten auch hier, darum das Selbstbestimmungsbestreben der Muslime für einen Klassenkampf zu vereinnahmen.

Das Absurde daran ist, dass die Interventionen des Westens in der islamischen Welt, die Linke zu bekämpfen vorgeben, daraufhin arbeiten, dort genau dies einzuführen, was Linke zumindest kulturpolitisch ebenfalls möchten.

Es darf nicht vergessen werden, was man Muslimen in realsozialistischen, linken Staaten antat (Sowjetunion und ihre Satellitenstaaten) und heute noch antut (China). Aber da passt dann wieder ihre Allzweckverteidigung: Das hat nichts mit dem Sozialismus zu tun.

Die Politik der deutschen Linken ist übrigens alles andere als neu, sondern eine 1:1 Kopie der NSDAP, diese war es nämlich und nicht Die Grünen die als erste Partei ein ausgeklügeltes Umweltschutzprogramm entwickelte (Welches bei den Die Grünen übrigens sehr zu wünschen lässt), und von der Rettung des Waldes redete. Dies war in den 80er Jahren nur in Deutschland ein Thema, seltsamerweise hat aber auch Frankreich noch Wald, was gar nicht sein könnte nach grüner Logik. Im Rahmen des Tierschutzes verbot die NSDAP auch Schächten und zwar schon im April 1933. Dies wurde aber aufgeweicht und zwar just im Moment, als man die Muslime für sich gewann.

Es kann bei entsprechendem Informationsstand kein Zweifel daran bestehen, dass wir es mit einer Form des Marxismus zu tun haben. Früher hat man versucht die Enteignung und Gulags und den Überwachungsstaat mit sozialer Gerechtigkeit zu rechtfertigen. Heute tut man das mit dem Totschlag-Argument der Rettung gar der gesamten Erde vor dem angeblich von Menschen verursachten Untergang. Damit lässt sich natürlich jegliche Form der staatlichen Zwangsmaßnahme rechtfertigen, inklusive Enteignungen von Unternehmern die den CO_2-Ausstoß ihrer Fabriken nicht, wie so häufig gefordert wird, um 50% reduzieren oder das Einpferchen von Menschen in Gulags, welche sich nicht an die sicherlich irgendwann zumindest anvisierte Reglementierung bspw. des Stromverbrauchs halten möchten oder den Müll nicht trennten. Denn, nochmal, es geht ja um die Rettung der Erde inklusive der Menschheit vor dem Untergang!
Angela Merkel hat vor einiger Zeit bspw. ein Gesetz erlassen, welches besagt, dass Vermieter künftig ihre Wohnungen umweltfreundlich umbauen müssen. Die Folge ist, dass jene Vermieter natürlich die zusätzlich dadurch entstehenden Kosten auf die Mieter abwälzen werden und somit viele Mieter auf staatliche Hilfen angewiesen sein werden.
Ein anderes Beispiel ist das sozialistische Verbot der Produktion von Glühbirnen oder von bestimmten Autos. Dieser Öko-Wahn führt also immer auf die ein oder andere Weise immer zu mehr Abhängigkeit vom Staat und Sozialismus.
Vor einigen Jahren las ich mal, dass die UNO eine

offizielle Mitteilung herausgegeben hat, in der sie allen Ernstes darüber gejammert hat, dass die Menschen zu viele Kinder bekämen, was umweltschädlich wäre. Das würde wieder einmal das Vernichtungslager rechtfertigen. Darüber hinaus habe ich auf dem Regierungspropaganda-Sender "Phönix" in einer Sendung, in der es um Bücher geht, ein Interview mit einem deutschen Professor, dessen Hauptanliegen Umweltschutz ist, gesehen, der die chinesische Ein-Kind-Politik positiv erwähnte, woraufhin der Moderator meinte, dass dies ökologisch betrachtet sinnvoll sei. Intellektuelle und Politiker versuchen uns also Schritt für Schritt auf einen solchen öko-kommunistischen Staat vorzubereiten und es gibt kaum welche, die diesen Müll kritisieren.

Jetzt dient diese real existierenden Ein Kind Familie als Rechtfertigung der Masseneinwanderung. Danach wird man von Überbevölkerung reden und Menschen töten.

Der Punkt ist jedoch die Tatsache, dass Linke weitaus gefährlicher sind, weil sie im Gegensatz zu Rechten und insbesondere den ganz Rechten, ihren Hass auf den Islam und Muslime verbergen und sich darüber hinaus sogar noch als Freunde, Partner und Bundesgenossen bzw. Beschützer gegen diese Rechten aufspielen.

Warum dies außergewöhnlich gefährlich ist? Weil dadurch insbesondere junge, naive, gutmütige und mitunter in ihrem Glauben noch nicht gefestigte Muslime von dieser Umklammerung bzw. Umarmung der Linken verständlicherweise völlig begeistert, ja sogar gerührt sind, und sich entweder aus völlig verständlicher Dankbarkeit dazu kompromittieren lassen, unislamische linke Ideen zu übernehmen auch um ihre linken Beschützer nicht vor den Kopf zu stoßen oder sich aufgrund von Sympathie aufgrund dieses Engagements quasi freiwillig dazu verführen lassen zu ihrer Ideologie zu konvertieren oder zumindest einige ihrer Ideen übernehmen.

201

Es gibt bspw. Muslime, die die Linkspartei wählen aufgrund ihrer Ablehnung des westlichen Imperialismus, die jedoch nicht wissen, dass Linke den US-Imperialismus nur deswegen bekämpfen, weil sie ihre weltkommunistische Form des Imperialismus stattdessen bevorzugen. Wir alle wissen, wie es Muslimen vor allem unter den Sowjets ging.

Andere Moslems wählen Grüne und SPD, aufgrund ihrer dem äußeren Anschein nach außergewöhnlich liberaleren Einwanderungspolitik. Aber das Zulassen der Einwanderung von Muslimen geschieht nur mit dem Ziel die Muslime in die westliche Dekadenz zu assimilieren und diese wenn möglich zurück zu exportieren in die islamische Welt über die muslimische Minderheit im Westen, um damit die islamische Welt zu infizieren.

Die Folge ist manchmal, dass betreffende Muslime bspw. mit der Planwirtschaft ala sozialer Gerechtigkeit zu sympathisieren beginnen oder Che Guevara-Fans werden. Vor allem aber: Wie kann man als Moslem Parteien wählen, die die Homoehe, Abtreibung usw. unterstützen und darüber hinaus versuchen noch mehr Rechte in Bezug darauf einzuführen, also die Gesellschaft, in der unsere Kinder aufwachsen sollen, noch weiter zu zerstören?

Insbesondere die muslimische Frau ist Ziel dieser Rekrutierungsbestrebungen, weil sie wissen, dass sie der Schlüssel zur Zerstörung der muslimischen Familie ist und - ich weiß, dass auch viele Muslime mich für diese Aussage kritisieren werden - weil muslimische Frauen, insbesondere junge Mädchen, einen durch ihre Emotionalität eingeschränkten Verstand haben und naiv sind und deswegen leichter beeinflussbar sind.

Die Linke ist auch gefährlicher, weil sie ihren Hass auf uns Muslime hinter einem stets offen-freudlichem Lächeln verbergen und vor allem ihre satanische Menschenverachtung hinter einer wohlwollend und gütig-klingenden Rhetorik verbergen. Sie reden von sozialer Gerechtigkeit, wenn sie in Wahrheit Umverteilung,

Enteignung und Eigentumslosigkeit und somit faktische Versklavung reden.

Sie reden von Gleichberechtigung oder Geschlechtergerechtigkeit, wenn sie die Vernichtung des Mannes und der Familie meinen.

Sie reden von Umweltschutz, wenn sie unter diesem Vorwand die Einführung eines totalitären, marxistischen Staates, indem der private Verbrauch von Strom, Wasser und Benzin reglementiert, die Industrie abgeschafft wird und man Sanktionen einführen will, wenn Leute sich nicht an die Bestimmungen halten und halt so viel Fleisch essen oder Strom verbrauchen wie sie wollen. (Oder wie will man Leute davon abhalten zur Abwendung des Unterganges der Welt weniger Energie zu verbrauchen?)

Sie reden von Selbstbestimmung wenn sie insbesondere natürlich im Hinblick auf die Frau sexuelle Freizügigkeit und Abtreibung meinen.

Sie reden von Toleranz, wenn sie die Akzeptanz von bspw. Homosexualität erzwingen möchten.

Der schon von der Stasi implantierte Kampf gegen Rechts, ist genau das, es geht um die Zerstörung des Bürgertums und das schließt die Juden mit ein. Neo-Nazis sind davon gar nicht betroffen.

Der Kommunismus, Sozialismus (ob nationaler oder internationaler) wurden vielfach als Ersatzreligionen bezeichnet. Dies birgt ein beträchtliches explosives Material im Bezug auf religiöse Fanatiker, dem ich mich hier widmen möchte.

Beim nationalen Sozialismus ist dies in Deutschland sehr gut erkennbar, denn Adolf Hitler setzte mit den Christen den Feind des nationalen Sozialisten noch vor den Juden. Allerdings war der deutsche Christ ein biologisches Material, das aus Gründen der Zucht erhalten werden sollte. Der Jude jedoch galt für die Schaffung des „Neuen Menschen" jedoch als unerwünscht und wurde vernichtet, da dies im Gegensatz zur Assimilierung (für Hitler freilich inakzeptabel) schneller ablief.

Ob New Age, Neoliberale, Kommunisten oder Sozialisten, alle reden ebenfalls von der Schaffung des „Neuen Menschen", wollen aber seltsamerweise nicht mit den nationalen Sozialisten zu tun haben. Dennoch führte diese Idee im Bereich des Kommunismus zu Konzentrationslagern. Das KZ ist einfach eine logische Konsequenz einer gottlosen und inhumanen Idee, die den Menschen als Material sieht. An die Gesetze einer übergeordneten Macht, die Strafe nicht ablehnt wird nicht geglaubt und führt zur emotionalen Reduktion und Erbarmungslosigkeit, der Stumpfheit eine Fleischers.

Hitler versuchte eine neue Religion zu schaffen und gegen das Christentum zu vertauschen, dabei bediente er sich nicht bei den Germanen, da diese reine Naturreligion von Bauern, ihm keine Ideologie lieferte, sondern beim Islam und Buddhismus.

Der internationale Sozialist und Kommunist hingegen spricht vom Materialismus und tarnt es als aufgeklärtes und wissenschaftliches Denken.

In erster Linie ist der Kommunismus zwar ein Wirtschaftssystem, doch durch den Drang zum Totalitarismus benötigt es, wie Hitler zeigte, eine unterstützende Ideologie, denn *„der Mensch lebt nicht vom Brot allein"*.

Wir bemerken in der Geschichte, dass diese Ideologien in Wahnvorstellungen ausartet, der Extremist deutet zwar durch seine Gewaltbereitschaft stärke an, ist aber das Produkt von Instabilität. Meist sollen unlösbare innere Probleme auf ein generiertes Feindbild gelenkt werden, um den Zerfall der eigenen Macht abzuwenden durch Denken und Aufbegehren der Massen. Für Hitler waren es die Juden, für die Islamisten sind es die Kufa (was auch Juden beinhaltet), die russischen Kommunisten hatten Kulaken und Juden oder die Kirche mit Hexen und Juden. Man könnte weitere Beispiele nennen, doch würde es das Volumen sprengen.

Die Christen sind aber auch Feind der erstgenannten Drei und fällt daher aus dem Rahmen. Alle diese Hetzjagden drückten sich in völkischen Bewegungen aus, was das ständige Feindbild des Juden erklärt, der als reaktionäres Element angesehen wurde. Dies scheint nicht auf die christliche Kirche zuzutreffen, da diese selbst reaktionär handelte. Dennoch, denn der Trugschluss ist, das man annimmt der Hexenwahn entstamme dem Mittelalter, in dem die katholische Kirche sehr dominant war. Doch auch wenn im Mittelalter gelegentlich Hexen verbrannt wurden, setze der Wahn erst zur Zeit der Aufklärung ein, als die evangelischen Sekten die Macht der Kirche infrage stellten und sich zu völkischen Bewegungen entwickelten, die im Konflikt zum reaktionären Papsttum stand.

Eine ähnliche Wahnvorstellung sehen wir bei der deutschen Linken, die im Fanatismus überall Nazis und Zionisten (welch Ironie!) sieht und eine kriminelle Schlägertruppe organisiert, die vielmehr den Faschisten gleicht, die sie angeblich bekämpfen wollen.

Auf der anderen Seite kommt es, wie in einer Religion, zu idealisierten Vorbildern die man in der Kirche dann Gottessohn und Heilige nennt. Der Kommunist hat genauso sein Marx, Engels, Lenin, Stalin, Che Gevarra... Die er fanatisch gegen jeden Makel verteidigt, wie der Muslim seinen Mohammed, und alle Schandtaten ausblendet. Marx und Engels teilten die Idee von Morden und Euthanasie, wohingegen andere diese Praktizierten. Lenin, Stalin, Che, Pohl Pott oder Mao Tzetung waren praktizierende Massenmörder. Wohingegen der so gern zitierte Kommunist Bernard Shaw noch vor den Nazis, ein System zur industriell organisierten Vergasung entwickelte, um das

Morden effektiver zu machen.

Wir finden Heilige Schriften, die die Bibel ersetzen sollen: Kommunistisches Manifest, Das Kapital, Lenins Werke etc. Eine Priesterklasse: Politbüro. Die Inquisition finden wir als KGB, Stasi, Securitate... Ebenso einen Endzeitglaube, statt Apokalypse erwartet der Kommunist dann die Weltrevolution. Und es gibt das Versprechen eines besseren Lebens in der Zukunft, nämlich als Neuer Mensch im wahren Kommunismus, nach der Apokalypse/Weltrevolution.

Der Kommunist sah sich des Öfteren dem Vorwurf eine antichristlichen Ersatzreligion ausgesetzt, als Satanismus charakterisiert. Mit der Begründung, das der wahre Satanismus auch nicht darauf beruht Satan anzubeten, sondern Satan versuchte Gott zu demonstrieren, dass der Mensch etwas Unwürdiges ist, das von Gott abfällt. Davon peinlich berührt, denn der Kommunist hat Gott eben nicht so sehr überwunden, wie er meint, versuchte er auch den Kapitalismus als Ersatzreligion zu sehen und den Vergleich damit beliebig zu machen. Nach dem Motto:
Es gibt im Kapitalismus auch Heilige (Adam Smith, Hermann Heinrich Gossen, Milton Friedman, Alfred Rappaport,...), Führer (Sämtliche erfolgreiche Kapitalisten) unantastbare Schriften (Creating Shareholder Value; An Inquiry into the Nature and Causes of the Wealth of Nations; Allgemeine Theorie der Beschäftigung, des Zinses und des Geldes;...), eine Priesterkaste(BWL/VWL Lehrer/Professoren),
Doch das stimmt eben nicht. Genauso wie der Kommunismus ist der Kapitalismus ein Wirtschaftssystem. Nur wenn der Kommunismus an Totalitarismus gewinnt, wird er radikalisiert und wie im religiösen Wahn. Das merke ich in jedem Gespräch mit überzeugten Kommunisten oder

die Negierung der kommunistischen Massenmorde: *„Das hat nichts mit dem Kommunismus zu tun."*

Hat denn die Inquisition mit dem Christentum zu tun? Denn es heißt: *„Wer von euch ohne Schuld ist, der werfe den ersten Stein."*

Hier haben wir eine von vielen klaren Aussagen des Religionsgründers, gegen Wahn und Gewalt. Wohingegen sich viele kommunistische „Heilige" dafür aussprachen. *„Mein größter Traum ist es, eines Tages zu einer Tötungsmaschine zu werden!"*, Che Guevarra in seinen Tagebuch. Die Inquisition waren Christen? Waren die Morde in der Ukraine etwa keine Kommunisten? Der Kommunist verweigert sich der Selbsterkenntnis seiner Fehler wie ein kleines Kind, weil er radikalisiert ist.

Der Kapitalismus kennt diese Radikalisierung nicht, die angeblichen Heiligen sind hier nicht unantastbar, er schreibt keine Religion vor und in seiner reinsten Form gleicht er eher dem Anarchismus statt Totalitarismus.

Genauso wie in Nazideutschland wurden Juden und Christen gehänselt und sanktioniert, wenn sie schwach waren. Kommunistische Staaten tat es gleich: Berufsverbot, Verfolgung alles mit dem Ziel das jüdische-christliche Abendland zu vernichten.

Außerordentlich bedenklich ist die kommunistische Apokalypse der Weltenrevolution, die derzeit in Vorbereitung ist. Schon in der „Internationale" singt der Sozialist: *„Völker hört die Signale, auf zum letzten Gefecht..."*, wohingegen die Apokalypse durch Posaunen angekündigt wird, und die Welt in der Schlacht von Armageddon ein Ende findet. Auch die Germanen kannten etwas ähnliches mit der „Götterdämmerung". Offenbar handelt es sich also tatsächlich um eine Ersatzreligion, die, wie der Protestsatanismus, das Christentum als Vorbild nimmt und lediglich verdreht.

Die Vorstellungen der Linken Apokalypse geht direkt

zurück auf Karl Marx und Friedrich Engels:
„Kampf, 'unerbittlicher
Kampf auf Leben und Tod'
mit dem
revolutionsverräterischen
Slawentum;
Vernichtungskampf und
rücksichtslosen
Terrorismus – nicht im
Interesse Deutschlands,
sondern im Interesse der
Revolution!" – Friedrich
Engels, 1849 (MEW 6, 286)
Das steckt dahinter, als Wolfgang Schäuble sagte: *„Die Not wird die Menschen zwingen."*

Die große slawische Macht ist natürlich Russland und gegenwärtig stehen wir an Abgrund eines solches Krieges, abgesehen von Einzelstimmen, gibt es keine geschlossene Linke in Deutschland, die sich entschieden gegen diesen Krieg zu stellen gewillt ist. Weil es ja ihren Interessen entgegen kommt.

Auch Hitler folgte diesen linken Vorreitern, was zum Krieg gegen die Sowjetunion führte, obwohl Stalin und Hitler verbündete waren. Die hier eingeleitete Apokalypse ging aber nicht wie geplant aus. Der linke Radikale nämlich geht da ganz freimütig von der, aus dem Judentum stammende Ansicht aus, das Prophezeiungen, im Kommunismus Vision genannt, herbeigeführt werden können, durch die Anhängerschaft nämlich. Dazu kann auch ein Traum vom Endkampf (Nationalsozialismus) zählen, oder die Weltrevolution (internationaler Sozialismus). Denn erst nach dieser Apokalypse kann so mancher Sozialist den Kommunismus realisiert sehen. Das sind all jene, die sagen: Die Toten des Kommunismus haben nichts mit dem Kommunismus zu tun. Denn den kann es erst nach der Weltrevolution geben.

Marx ist nie pingelig und zeigt, wie nahe seine Vorstellungswelt, der des Nationalsozialismus ist:

„Der jüdische Nigger Lassalle, der glücklicherweise Ende dieser Woche abreist, hat glücklich wieder 5000 Taler in einer falschen Spekulation verloren… Es ist mir jetzt völlig klar, dass er, wie auch seine Kopfbildung und sein Haarwuchs beweist, von den Negern abstammt, die sich dem Zug des Moses aus Ägypten anschlossen (wenn nicht seine Mutter oder Großmutter von väterlicher Seite sich mit einem Nigger kreuzten). Nun, diese Verbindung von Judentum und Germanentum mit der negerhaften Grundsubstanz müssen ein sonderbares Produkt hervorbringen. Die Zudringlichkeit des Burschen ist auch niggerhaft." – Marx an Engels, 1862 (MEW 30, 257)

Der Judenmord ist etwas absolut Notwendiges und erklärt, warum auch die Sozialistischen und Kommunisten dem Nationalsozialismus nicht nachstanden, obwohl man ja mit denen nichts zu tun hat angeblich. Der Juden gilt nämlich als ein Rechter, erzkonservativ und unbelehrbar. Deshalb muss er zum Wohle des „Neuen Menschen" ausgelöscht werden. Marx zeigt hier auch, dass Jude und Zionist das selbe ist. Genauso wie unsere heutige Linke, als Wolf im Schafspelz, vom Antizionismus spricht, aber darunter Antisemitismus verbirgt.

Der Anhänger dieser Endzeitstrategie kommt als Wolf im Schafspelz herbei, doch wenn er den richtigen Moment zum Zuschlagen findet, nimmt er seine Maske ab:
> *„Wir haben es von Anfang an für überflüssig gehalten, unsere Ansicht zu verheimlichen … Wir sind rücksichtslos, wir verlangen keine Rücksicht von euch. Wenn die Reihe an uns kommt, wir werden den Terrorismus nicht beschönigen."* – Karl Marx, 1849 (MEW 6, 504)

Dies wiederum sehen wir gegenwärtig im Verhalten der deutschen Linken und ihrem Kadavergehorsam gegen eine orientalische Religion, die elementar ihren angeblichen Werten widerspricht. Die Golfstaaten nehmen keine muslimischen Flüchtlinge auf, da sie Destabilisierung befürchten. Genauso sehen es die Anhänger der Linken Endzeit, doch mit der Massenaufnahme aggressiver und Gehirnreduzier Fanatikern, erhalten sie das erstarken ihrer Endzeittruppen, die sie in der Antifa schufen. Es folgt das Destabilisieren der verhassten Regimes, um die Endzeit einzuläuten durch den Mord an Juden und Christen. Aus dem Chaos heraus kann das ersehnte Ziel, der Kommunismus. *„Kommunismus auch unser langfristiges*

Ziel." [94] Langfristig ist nun aber reine Ansichtssache und gewiss gibt es Fanatiker, die nicht lange warten wollen, denn das ist etwas sehr typisches bei Fanatikern. Sieht aber auch nach sich, der dann überflüssigen Muslime zu entledigen. Und die deutsche Linke ist voll von Fanatikern, die über Leichen gehen. Mann sehe sich etwa Jutta Dittfurth an, die so extrem nach Links weggetreten, sodass sie schon wieder Rechts raus kommt. Die lebt bereits in einem Paralleluniversum.

Und um das „langfristige" Ziel in ein „kurzfristiges" umzugestalten gibt Marx selbst den Weg vor:

> *„Es gibt nur ein Mittel, die*
> *mörderischen Todeswehen*
> *der alten Gesellschaft, die*
> *blutigen Geburtswehen der*
> *neuen Gesellschaft*
> *abzukürzen, zu*
> *vereinfachen, zu*
> *konzentrieren, nur ein Mittel*
> *– den revolutionären*
> *Terrorismus!"* – Karl Marx
> (MEW a.a.O. 5, 457)

Würde sich diese neue Gesellschaft von den Zielen Hitlers unterscheiden? So wie die Deutsche Linke meint, der Nationalsozialismus ist das Gegenteil?

> *„Man solle damit in einer*
> *sozialistischen Revolution*
> *beginnen, die primitiven*
> *Völkerabfälle wie etwa*
> *Basken, Bretonen,*
> *schottische Highlander, zu*
> *liquidieren."* – Karl Marx,

---

94 http://www.die-linke.de/nc/dielinke/nachrichten/detail/artikel/kommunismus-auch-unser-langfristiges-ziel/

1848 in der Rheinischen
Zeitung

Das Gegenteil von Hass ist nicht anderer Hass, wie es der linke Fanatiker denkt. Das Gegenteil von Hass ist Liebe. Und das Gegenteil von linksradikal ist auch nicht rechtsradikal, sondern das demokratische Zentrum.

„Wir sind Sozialisten, wir sind Feinde der heutigen kapitalistischen Wirtschaftsordnung für die Ausbeutung der wirtschaftlich Schwachen, mit ihren unlauteren Gehältern, mit ihrer Auswertung eines Menschen nach Reichtum und Besitz, anstatt Verantwortung und Leistung, und wir alle sind entschlossen, dieses System unter allen Bedingungen zu zerstören." – Adolf Hitler[95]

Hätten Sie bemerkt das dies nicht von Karl Marx stammt?

Was geschieht mit jenen, die sich nicht in den Neuen Menschen integrieren lassen?

„Die Klassen und Rassen, die zu schwach sind, die neuen Lebenskonditionen zu meistern, müssen den Weg frei machen. Sie müssen in einem revolutionären Weltensturm untergehen." – Karl Marx,

95 Rede zum 1 Mai 1927. Zitiert von Toland, 1976, S. 306

1848 in der Rheinischen
Zeitung
Hitler erscheint nicht mehr als Rechtsradikaler,
sondern Linksradikaler im Sinne von Marx.

Gregor Gysi sagte: *„Es ist nur, der Linke denkt an
etwas sehr Edles, wenn er vom Kommunismus spricht."*
Wie sieht diese Ritterlichkeit aus?
*„Die Gewalt ist der
Geburtshelfer jeder alten
Gesellschaft, die mit einer
neuen schwanger geht."* –
Karl Marx, 1867 (Das
Kapital. Band 1. Siebenter
Abschnitt: Der
Akkumulationsprozess des
Kapitals. MEW 23, S. 779)

Und nach dieser Apokalypse kommt dann die Neue
und Bessere Welt, die Die Linke anstrebt?
*„Jeder provisorische
Staatszustand nach einer
Revolution erfordert eine
Diktatur, und zwar eine
energische Diktatur."* –
Marx an Engels (MEW 5,
402)
*„Massenerschießungen sind ein legitimes Mittel der
Revolution."* – V. I. Lenin
Ich verstehe darunter Massenmord. Also was Stalin
und Mao oder Pohl Pott taten, die haben den Marx genauso
verstanden. Wieso haben die Morde des Kommunismus
also nichts mit Kommunismus zu tun?

Was der Nationalsozialismus den Juden antat, wäre
im Kommunismus nicht möglich?

213

„Wir erkennen also im Judentum ein allgemeines, gegenwärtiges, antisoziales Element." – Marx an Engels (MEW 1, 372)

Der Kommunismus ist keineswegs die Heilslehre für Arme, er ist eine Heilslehre für einen Neuen Menschen:
„Krieg bis in den Tod gegen die Reichen und deren Anhänger, die intellektuelle Bourgeoisie... `Der, der nicht arbeitet, soll auch nicht essen`- das ist das zweckmäßige Gebot des Sozialismus... Unser gemeinsames Ziel ist es, Russland von all dem Gift, von Flöhen – den Schurken, den Insekten – zu säubern – die Reichen usw. usf." – V. I. Lenin (How to Organise Competition?, Collected Works, Vol. 26, S. 411, 414)

„Der Hammer wird wieder zum Symbol des deutschen Arbeiters und die Sichel zum Zeichen des deutschen Bauern werden." – Adolf Hitler (Rede zum 1. Mai 1934)

„Sozialist sein: Das heißt, das Ich dem Du

*unterordnen, die
Persönlichkeit der
Gesamtheit zum Opfer
bringen. Sozialismus ist im
tiefsten Sinne Dienst.
Verzicht für den Einzelnen
und Forderung für das
Ganze."* – Joseph
Goebbels

*„Meine gefühlsmäßigen politischen Empfindungen
lagen links."* – Adolf Eichmann.

„Wir werden nur eine Million
Afghanen am Leben lassen
– das genügt, um den
Sozialismus zu errichten." –
Sayyed Abdullah[96]

Es ist immer das selbe, jeder der den Sozialismus und
Kommunismus will, tut das gleiche. Bedenklich ist mir dann,
wenn Die Linke sagt, das sie darauf zu steuern.

*„Im neuen Kambodscha
brauchen wir nur eine
Million, um die Revolution
fortzuführen. Den Rest
brauchen wir nicht. Wir
ziehen es vor, zehn
Freunde zu töten als auch
nur einen Feind am Leben
zu lassen."* – Rote Khymer
slogan[97]

*„Wir machen das, was
Lenin tat. Man kann den*

---

96 Sylvain Boulouque, Communism in Afghanistan, In: Courtois S. 713
97 Pin Yathay, Stay Alive, My Son [Touchstone, 1987], S. 148

Sozialismus nicht ohne roten Terror errichten." - Asrat Destu, Äthopischer politischer Armeekommissar[98]

„Absolute Macht ist, wenn ein Mensch verhungert und du der Einzige bist, der in der Lage ist, ihm Essen zu geben." – Robert Mugabe, sozialistischer Diktator von Zimbabwe[99]

„Tote haben Vorteile. Sie können den Boden düngen." – Mao Tsetung[100]

Kommunismus meint Wohlstand für alle?
„Menschen behaupten, Armut sei schlecht, aber in Wahrheit ist Armut gut. Je ärmer die Menschen sind, umso revolutionärer sind sie. Es ist fürchterlich, sich eine Zeit vorzustellen, in der jeder reich sein wird... Von einem Überfluss an Kalorien werden die Menschen zwei Köpfe und vier Beine bekommen."– Mao Zedong[101]

Wer denkt da nicht sofort an das geflügelte Wort, dass der Sozialismus die gleichmäßige Verteilung der Armut sei. Seit 2001 hat Deutschland nicht nur einen Linksruck erlebt, sondern damit einhergehend auch eine Zunahme der

---

98 Andrew/ Mitrokhin, S. 467-8
99 The Times, GB, 9. Juli, 2004
100Chang/Halliday, S. 457
101Chang/Halliday, S 428

Massenarmut. Schlimmer wurde es in Thüringen seit der Die Linke die Regierung ergriff.

Kommunismus ist edel, sagte Gregor Gysi:
„Man sollte weniger Gewissensbisse haben. Einige unserer Genossen zeigen zu viel Gnade und nicht genügend Brutalität, was bedeutet, dass sie nicht marxistisch genug sind. Aus diesem Grund haben wir tatsächlich kein Gewissen! Marxismus ist brutal!"– Mao Zedong[102]

„Die Waffe des Rebellen ist der Beweis seiner Menschlichkeit. Daher muss man in den ersten Tagen der Revolte töten: Einen Europäer niederzuschießen ist wie zwei Vögel mit einem Stein zu töten, einen Unterdrücker und den Menschen zu vernichten, den er gleichzeitig unterdrückt… wenn einst der letzte Ansiedler getötet ist, nach Hause verfrachtet oder angeglichen wurde, verschwindet die Brut einer Minderheit, um durch den Sozialismus ersetzt zu

---

102Chang/Halliday, S. 411

werden." – Jean-Paul Sartre[103]
Der Ansiedler ist im Moment, der Muslim.

Es erübrigt sich im Grunde jedweder Kommentar hinsichtlich dieser nur kleinen Auswahl „edlen" und „friedliebenden" Zitate.

Haben nicht exakt alle versucht, genau deshalb einen „neuen Menschen" zu „kreieren" und mussten dafür nicht stets diejenigen entsorgt werden, die daran kein Interesse hatten? Die traurige Wahrheit, die auf Seiten von Sozialisten und Kommunisten stets ignoriert wird, besteht darin, dass ihre rücksichtslose Gesellschaftsklempner-Ideologie stets richtig umgesetzt wurde und wird, denn die Lehren von Lenin, Marx, Shaw etc. lassen sich nur mit der *Erschaffung eines neuen Menschen"* erfüllen (was zudem stets explizit Voraussetzung gewesen war, so lautete beispielsweise ein Werk von Ché Guevara: *„Der neue Mensch"*) und dazugehörte der alte Mensch entweder auf brutale Weise „umerzogen" oder eben ausgerottet wird (wenngleich im Falle Guevaras bereits wegen seiner zentralistischen Wirtschafts- und Finanzpolitik Tausende ums Leben kamen). Oder was – falls dem ja angeblich gar nicht so ist – musste und muss mit Menschen geschehen, die ihr moralisch sauber herleitbares Naturrecht in Anspruch nahmen und nehmen, nämlich schlicht und ergreifend in Ruhe gelassen werden zu wollen bzw. nicht beim wie auch immer gearteten Programm des „neuen Menschen" teilnehmen zu wollen?

Es ist interessant bis haarsträubend, wie indoktrinierte Heerscharen von Sozialismus/Kommunismus-Befürwortern ein Abermillionen-Grab von Toten damit relativieren, dass angeblich *„eine Idee missbraucht"* wurde. Komischerweise

103Preface, S. 19-20

218

ist sie ja nicht nur in einem Land *„missbraucht"* worden, sondern überall dort, und auf dieselbe Weise, wo man den Kommunismus als Endziel hatte. Der Umstand, dass die Katastrophe dem Sozialismus/Kommunismus aufgrund dessen kollektivistischen Zwangsstrukturen immanent bzw. immer und immer und immer vorprogrammiert war, ist und sein wird, scheint bizarrer weise kaum zu interessieren. Lieber wird in der Hoffnung, mittels der dauerhaften Initiierung von Gewalt, „hoheitlicher" Planung sowie Zwang glückliche Menschen zu „schaffen", der einhundertzwölfzigste Sozialismus-Versuch gewünscht (und auch umgesetzt!) anstatt der individuellen Freiheit in Form einer beispielsweise offenen Gesellschaft auch nur einen Gedanken zu schenken.

Egal, ob sie nun Hitler, Stalin, Mao, Pol Pot, Che Guevara, Ceaucescu, Honecker usw. hießen: Durch die Bank sollen sie alle die Lehren „missbraucht" haben? Zudem wird allen Ernstes geglaubt, wenn nur der Eine, der „Richtige" käme (oder eine Gruppe von „Richtigen"), so dann werde der Sozialismus und/oder Kommunismus eine gute Sache? Der Messias etwa? Wäre die Moral eine Person, so fände sie es beschämend, nach dem bisherigen Erfahrungsschatz hinsichtlich sämtlicher sozialistisch-kommunistischer Gesellschaftsklempnereien immer noch zu glauben, Sozialismus und/oder Kommunismus seien, wenn sie denn nur „richtig umgesetzt" werden würden, eine Wohltat für die Menschen. Wie viele müssen denn noch sterben?

Sozialismus und/oder Kommunismus waren, sind und werden immer nationalsozialistische Ideologien verkörpern und somit dem individuellen Streben nach Freiheit und Glück entgegenstehen. Und ohne individuelle Freiheit gibt es auch keine gesellschaftliche Freiheit. Sozialismus/Kommunismus und Freiheit stehen diametral zueinander.

Dies war nun der erste Teil meiner Darstellung des Zieles der deutschen Linken. In diesem wurde ein Überblick gegeben, über das Totalitäre und Verbrecherische einer pathologischen Ideologie. Die es darauf anlegt Unheil und Chaos zu schaffen. Die Idee von Sozialismus und Kommunismus zufolge, werden Probleme gemacht und dann andere dafür beschuldigt.

Im zweiten Teil werde ich diese Geisteskrankheit detaillierter darlegen und die enge Zusammenarbeit von Kommunisten, Sozialisten und dem Aufstieg Adolf Hitlers aufzeigen. Eine Zusammenarbeit, die auch den Holocaust mit einschloss.

Anhang

Aus der Rede des jüdischen-amerikanischen Menschenrechtsaktivisten Samuel Inayat-Chisti am 1.6.2015 an die Gegendemonstranten von Bärgida.

Linke Mitbürger!

Immer wenn sich heute ein jemand in Europa zum Patriotismus bekennt oder sich für die Bewahrung der nationalen Identität ausspricht, ist der Nazivorwurf nicht weit entfernt. Patriotismus gilt gemeinläufig als Rechts und wird als Ideologie gesehen.

Antideutschtum und Sozialismus sind aber miteinander absolut unvereinbar. Denn Antideutschtum ist eine Ideologie der Etablierten und spielt ausschließlich ihnen in die Hände.

Wem nützt die Verachtung der eigenen Nation und Identität denn tatsächlich? Etwa dem sich befreiendem Volk? Nun sei jedem gesagt, der sich Links oder sozialistisch dünkt, dass er (oder sie!), wann immer er (oder sie!) eine antideutsche These formuliert, seinen (oder ihren!) Vorreitern, Idolen und Wegbereitern unaufhörlich und pausenlos ins Gesicht schlägt!

Die nachfolgenden Zitate linker Schlüsselfiguren werden dieses Dogma brechen! Wer unter euch, immer mit keinen von diesen Namen noch anfangen kann, darf später Googeln:

Friedrich Engels: „Wenn eine fremde Macht ein Volk ermahnt, die eigene Nationalität zu vergessen, so ist dass kein Ausfluss von Internationalismus, sondern dient nur dem Zweck, die Fremdherrschaft, zu verewigen."

Ernst Thälmann: „Deutsch und kommunistisch sind keine Gegensätze. Ich denke nicht daran, von meinen Grundsätzen auch nur einen Millimeter abzugehen. ... Die Befreiung der Arbeiterklasse...ist die Befreiung des ganzen Volkes!..."

„Wir Kommunisten lieben unser Volk und unser Land.

221

Weil wir unser Volk und unser Land lieben, kämpfen wir... Wir bejahen die Nationalfrage."

„Mein Volk, dem ich angehöre und das ich liebe, ist das deutsche Volk; und meine Nation, die ich mit großem Stolz verehre, ist die deutsche Nation. Eine ritterliche, stolze und harte Nation ... Ich bin Blut vom Blute und Fleisch vom Fleische der deutschen Arbeiter. ..."

Ja, Linke Mitbürger, er war damaliger Vorsitzender der Roten Front, was später z. Antifa wurde – und ihr, als dessen heutigen Ableger und Verräter, tretet seine damaligen Idealen mit Fuß und Spuck – und versteht kein Scham, so ignorant, und arrogant dazu!

Mao Tse-Tung: „Kann ein Kommunist als Internationalist gleichzeitig auch ein Patriot sein? Wir sind der Meinung, das er das nicht nur kann, sondern auch muss! Wir sind Internationalisten, und wir sind auch Patrioten; unsere Lösung: Kampf zur Verteidigung des Vaterlandes...!"

„Deshalb ist der Patriotismus der Verwirklichung des Internationalismus im nationalen Befreiungskrieg. ..."

Che Guevara: „Dieser Ruf findet das Verständnis und die Unterstützung aller Völker dieser Welt,...(und)...lautet: 'Vaterland oder Tod!'"

Hugo Chavez: „Heute, nach so viele Kämpfen, haben wir ein Vaterland, dem wir uns hingeben können. Vom Grund meines Herzens, rufe ich nochmals alle (Menschen)...auf. Denn wir sind...so manches, doch im tiefsten Wesenskern sind wir Patrioten. ... Patrioten..., gebt Acht! Unsere Gegner, Feindes des Landes, werden niemals aufhören, Intrigen zu spinnen und versuchen, uns zu teilen."

Rudi Dutschke: „Wenn die vom bösen Deutschen oder so etwas reden, und wir das noch mitspielen, dann sind wir natürlich erst recht in der Niederlage drin und werden nicht in der Lage sein, deutsche Verhältnisse ... zu reflektieren. Auf der einen Seite gilt es, die nationale Besonderheit als solche zu reflektieren, und damit wieder Identität zu gewinnen."

„Schwer genug, in der Tat – ein gebrochenes Land – damit eine Identität zu gewinnen, national und sozial, extrem schwierige Angelegenheit. Aber auf der andern Seite, unerlässlich … "

Bertolt Brecht: Sein Vorschlag, von seinem Stift, für eine alternative Landeshymne – eure Aufmerksamkeit, bitte aufstehen! (Hier habe ich tatsächlich vorgesungen):

1. Anmut sparet nicht noch Mühe, Leidenschaft nicht noch Verstand, Dass ein gutes Deutschland blühe, wie ein andres gutes Land.
2. Das die Völker nicht erbleichen, Wie vor einer Räuberin
Sondern ihre Hände reichen
Uns wie andern Völker hin.
3. Und nicht über und nicht unter
Andern Völkern wolln wir sein
Von der See bis zu den Alpen
Von der Oder bis zum Rhein.
4. Und weil wir dies Land verbessern
Lieben und beschirmen wir's
Und das Liebste mag's uns scheinen
So wie andern Völker ihrs.
Eines Steht also klar, keiner von uns beiden vertritt Sozialismus!
Denn ihr seid weder Sozialisten noch Patrioten!
Nein - die Patrioten stehen hier, bei uns!
Danke für eure Aufmerksamkeit!"

(anzusehen bei YouTube: https://www.youtube.com/watch?v=FnF8ShYZrAs)

Die deutsche Linke und die Gewalt (aus meinem Blog im Internet)

Der Soziologe Max Weber formulierte vor mehr als einhundert Jahren, eine bis heute gängige Säule der demokratischen Gesellschaft: das „Monopol legitimer physischer Gewaltausübung" liegt beim Staat. Doch diese Säule ist wohl auch die am heftigsten bekämpfte in unserer Gesellschaft: Traditionsgemäß durch Anarchisten (logisch) aber auch verschiedene Formen der Sozialisten, ob nun internationale oder nationale ist gleich, darin zumindest sind sie sich einig. Und sie sind sich auch in jenem Punkt einig, wann es zu klassifizieren gilt, wann der Staat sein Gewaltmonopol missbraucht, nämlich sobald dieser gegen die eigene Manifestation vorgeht. Der demokratische Staat darf seine Gewalt nicht willkürlich anwenden, sondern im Rahmen der vom Rechtsstaat festgeschriebenen Gesetze. Aber, wenn der Staat nun gegen die randalierenden sozialistischen Chaoten, ob Braun oder Rot, oder schwarze Anarchisten vorgeht, oder welchem Schwachmaten auch immer, gilt das den jeweiligen Anhänger der Betroffenen Politsekte als unumstößlicher Beweis des Machtmissbrauches und damit lebt man defacto in keinem Rechtsstaat mehr und demzufolge sind terroristische Maßnahmen gegen den Staat eine Selbstverteidigung und oberste Pflicht. Da besonders die Sozis, jeglicher Farbnuance, jeder Selbstkritik unzugänglich gegenüberstehen, scheint ihnen diese radikalisierte Denkweise leider logisch zu sein.

In der radikalisierten Welt des Sozis ist es legitim grölend und plärrend durch die Straßen zu zuziehen, da man auf Missstände aufmerksam machen will. Dabei wird Eigentum der Anwohner vernichtet. Reagiert daraufhin die Polizei, kommt diese um ein undefiniertes Establishment zu schützen. Letztlich ist das Establishment etwas verworren und mystisch als „das Böse" beschrieben, in Realität wird darunter jeder zusammengefasst, der, aus welchem Impuls heraus auch immer, den marodierenden Knallschergen anschließt. Rechte Gewalt ist demzufolge böse, linke Gewalt gut. Rechts sind dabei immer die eine andere Meinung haben. Enttäuschenderweise hat Deutschland derzeit viel zu viele Politiker in der Regierung, die diese extremistische Haltung teilen.

Die schlimmsten dieser Politik sind allerdings Die Grünen. Die sich aus undefinierbaren Beweggründen als Pazifisten verstehen. Es gab zwar Politiker bei Die Grünen, die gewisse pazifistische Ansichten vertraten, doch daraus abzuleiten es handelte sich um eine ganze Partei von Pazifisten, ist Absurd. Gerade diese Partei war bereits in der Gründungsphase ein Schmelztiegel von Extremisten, Straßenschlägern und praktizierenden Terroristen.

Die Grünen setzen sich heute mit der Bewegung der 68er gleich, als ob das irgend etwas Gutes sei. Diese 68er sind das wahre Desaster Deutschland, aber sie waren nie pazifistisch! Sie brachten nicht nur radikalisierte Ideologin, die Gewaltpredigten, sondern auch Praktizierende Idioten wie RAF, Rote Zora, Revolutionäre Zellen oder 2Pac Amaru hervor.

Wie immer basiert diese Pazifismus Etikett auf die äußerst simple Weltsicht des Linken alá 68er, der intellektuell sich sehr deutlich vom linken in der damaligen DDR unterschied. Einer ihrer Großen Idole, Rudi Dutschke, war in der DDR auch nicht willkommen und er selbst zog es vor den realexistierenden Sozialismus, den Gregor Gysi und Katja Kipping noch heute loben, zu meiden und sich in der kapitalistischen BRD und seiner durch und durch Nazigesellschaft in Sicherheit zu begeben.

225

Die 68er Bewegung entwickelte eine sehr eigene und bizarre Klassifizierung von politischer Gewalt und deren Rechtfertigung. In der jegliches Vertrauen in den Rechtsstaat und seine Institutionen von vornherein als Nazi-abgelehnt wurde. Bei allem Respekt, der meinerseits für die 68er nicht sehr groß ausfällt, auch in Nazi-Deutschland wurden Mord und Diebstahl vom Gesetz als Verbrechen charakterisiert und geahndet. Daraus zu schließen die Verfolgung von Mördern und Dieben seien Nazimethoden muss als Geisteskrankheit klassifiziert werden. Da aber in Nazi-Deutschland Mord und Enteignung an Juden und anderen Ethnien trotzdem praktiziert wurde, handelte der Staat willkürlich und war eben kein Rechtsstaat wie die BRD. Wenn es jedoch in der politischen Bühne der BRD, Anbeginn der 70er Jahre bis heute, mal wieder zu seltsamen Vorfällen kam, darunter auch fragwürdige „Unfälle", so sind diese stets im Verbund mit Aktivitäten der Linken zu sein. Hin und wieder mischte die Stasi mit, die Beziehungen sind traditional, aber immer waren die 68er präsent. Erst in neuerer Zeit ändert sich das, da ausgerechnet die 69er ihre Liebe zum Islam entdeckte, doch im Hintergrund sind auch sie wieder dabei. Den massiven Aufbau des Überwachungsstaates erlebten wir anlässlich des 11. September 2001 ausgerechnet durch Vertreter der 68er, in erster Linie Die Grünen, die sich vor ihrer Parteinormierung sich explizit gegen derartige Regierungsmethoden wendete, um sie als Nazi-Methoden zu charakterisieren. Gegenwärtig treiben sie es allerdings schlimmer als jeder CDU oder SPD Regierung zuvor und das wiederum macht sie zu den wahren Nazis dieser Gesellschaft. Sei es in der Reduzierung der physischen Freiheit, Überwachung oder durch den massiven Schwund der Meinungsfreiheit.

Jene Linke dieser Basis waren psychisch defekt.

Gewaltfetischisten, die sich in der Manier kleiner Kinder, mit ihren Untaten konfrontiert hinstellen und sagen: „Ich war das nicht!" Sich hinzustellen und gegen den Vietnamkrieg zu protestieren war ihnen Beweis genug Pazifist zu sein. Der Molotowcocktail in der Hand wurde einfach ignoriert.

Der Tod des Studenten Benno Ohnesorg 2. Juni 1967, erschossen von einem Polizisten, war hier nicht der heute so tausendfach gerühmte „Einzelfall", mit dem Linke Mörder schützen, sondern wurde zum Anlass genommen die martialische Konfrontation aufzunehmen.

Es gibt aber noch weiteres bei diesem Vorfall zu bedenken. Der Mörder des Studenten war der West-Berliner Polizist Karl-Heinz Kurras er erschoss ohne Befehl oder notwendig den Studenten Benno Ohnesorg und das gezielt. Soweit die Geschichte wie beide Seiten sie erzählen. Der Teil allerdings den unsere „pazifistische Bewegung" verheimlicht ist, dass Benno Ohnesorg gar kein wirklicher Aktivist der Studentenbewegung war, sondern ein Bauernopfer:

Gerade einen Tag zuvor besuchte der Student Ohnesorg eine Veranstaltung bei der Persische Vertreter über die ach so grausamen Verhältnisse zu Hause lamentierten. Ohnesorg beschloss daraufhin am Folge Tag, an einer Demonstration gegen den Besuch des Schah teilzunehmen. Diese Demonstrationen gegen den Schah wurden von Persischen Studenten angeführt, die später in der Revolution bewirkten, das aus dem westlich orientieren Persien eine Scharia Republik werden konnte. Dabei wurden sie von der Stasi unterstützt, die natürlich alles tat um erneut die BRD in ein schlechtes Licht zu stellen. Denn anders als die BRD, stand es um die DDR außenpolitisch schlecht.

Christa und Benno Ohnesorg wurden von Freunden aus der Kommune I dieser Anti-Schahpolitik herangeführt. Diese wurden allerdings Überwacht denn es gab Hinweise auf ein Vorbereitetes Attentat auf den Schah. Am 5. April waren deshalb 11 Mitglieder festgenommen worden, aber aus Mangel an Beweisen freigelassen worden. (Uwe Bergmann u.a. (Hrsg.) Rebellion der Studenten, rororo aktuell, Reinbeck 1968, S. 27) Die Ohnesorg fertigten ein Tranzparent a, mit der Aufschrift: „Autonomie für die Theraner Universität" (Uwe Soukup, Wie starb Benno Ohnesorg?, S. 24) Dies war das Erkennungsmerkmal für den Polizisten Kurras, der bereits seit 1955 für die Stasi arbeitete, und Benno Ohnesorg gezielt und grundlos tötete. Ein angeblicher Norwegischer Arzt, der sich präsentierte, um Ohnesorg erste Hilfe zu geben, wurde verweigert. Die Westberliner Polizei vermutete es handelte sich um einen Stasiagenten. Der Mann war nämlich in Ost-Berlin als Arzt zugelassen. Vermutlich sollte er den Tod von Ohnesorg sicher stellen. Dieser erlag letztlich seiner Verletzung.

Der Fehler der West-Berliner Polizei war es gewesen, den Tod von Ohnesorg rechtfertigen zu wollen, um Kurras zu schützen. Da man sich keinen saubere Rechtfertigung in diesem perfiden Stasispiel mit dem Baueropfer Ohnesorg aus dem Ärmel schütteln konnte, weitete der Skandal sich aus und schlug große Wellen. Es gab Unruhen. Die angestrebte Revolution, zumindest in West-Berlin blieb jedoch aus.

Am 8. Juni wurde der Leichnam nach Hannover überführt. Während der Senat eine Überführung per Flugzeug finanzieren wollte, bestand Christa Ohnesorg auf die Überführung per Auto. Am Grenzübergang wurde der Corso mit seinen etwa 200 Begleitfahrzeugen, von einem inszenierten Spektakel der FDJ in Empfang genommen. Die DDR Behörden verzichteten auch auf die üblichen

Kontrollen.

Erst ein Aktenfund vom 21. Mai 2009 offenbarte, das es sich bei Kurras um einen Stasispitzel handelte, der seit 1967 auch Mitglied der SED gewesen war. Zu diesem Zeitpunkt war Chef der Aufarbeitung der Stasi-Akten Joachim Gauck. Allerdings, die Begutachter hielten Stasiakten behaupteten, dass ein Mordauftrag durch die Stasi „wenig wahrscheinlich" sei. Doch ausgeschlossen wurde dies auch nicht.

Nur hatte man da offenbar den Bock zum Gärtner gemacht. Gauck hatte nach Bündnis 90 mir der CDU/CSU geliebäugelt. Nach dem Verlust der Regierungsgewalt, biederte er sich schnell SPD und Die Grünen an. Und wandelte sich zum großen Moralapostel gegen den Skandal um Helmut Kohl, der Dank ihm erst möglich gemacht wurde. Das Terpe Dossier, das ihn als IM Larve kennt, trieb ihm den Angstschweiß ins Gesicht, nach dem es bereits am 23. April 1991 in Die Welt abgedruckt worden war. Der Skandal blieb ihm erspart, denn die die Leser im Westen verstanden nicht die Brisanz des Dokumentes, der sich nur mit profunden Wissen über die DDR erschloss. Die wenigen, die im Osten davon Wind bekamen, wurden totgeschwiegen mit dem Vorwurf SED Anhänger zu sein, die dem ehrenwerten Bürgerrechtler Gauck in die Suppe spucken wollen. Denn dieser bemühte sich die Stasiakten in die Hände zu bekommen. Damit wurde er Herr über die Klassifizierung von „Opfer" und „Täter".

Der Stasi-Hauptmann Terpe spricht von einem Treffen mit Joachim Gauck am 28. Juli 1988. Damals war bereits angeblich ein Bürgerrechtler. 1989 allerdings hatte Gauck der FAZ in einem Interview mitgeteilt, das die evangelische Kirchenleitung von Mecklenburg jeden Kontakt zur Stasi verboten hatte. Da keine Ausnahme der Regel bekannt ist, muss angenommen werden, es handelte sich um ein konspiratives Treffen. Der Landesbischof wurde von diesem Treffen nicht informiert. Das Treffen fand auch in der Wohnung von Gauck statt. Das Terpe Dossier erklärte, dass Gauck nicht bereit gewesen war Gespräche „mit nicht kompetenten Mitarbeitern des MfS" zu sprechen. Mit kleinen Leuten lassen sich Große Dinge eben nicht bereden, aber nach einem Widerständler hört sich das wahrlich nicht an. Seine Bemerkung, dass man bei vielen MfS-Mitarbeitern neurotische Züge erkennen kann, lässt vermuten, das Gauck sehr viel Kontakt mit der Stasi hatte. Er sprach von stabilisierenden Veränderungen zum Wohle der DDR, die durch die Bürgerrechtler dieser Zeit, zu denen er angeblich gehörte, in Gefahr sei. Wenn er die DDR stabilisieren wollte, wo ist sein Widerstand? Gauck hatte bereits in der DDR das Privileg in die BRD reisen zu dürfen. Gauck versicherte dem Stasi Hauptmann das er aktiv gegen die Ausreisewilligen opportunieren wolle. Das kommt einer klaren Kollaboration gleich. Hauptmann Wolgang Terpe bedankte sich im Namen des Ministeriums für Staatssicherheit für eine langjährige Zusammenarbeit.

Der evangelische Pastor Hans-Jochen Tschiche und spätere Politiker der Die Grünen in Sachsen-Anhalt sagte im Der Freitag, dass Joachim Gauck „niemals zur DDR-Opposition gehört" hatte.

Eine Liste für die Mitarbeiter der sich damals im Aufbau befindetenden Gauck-Behörde vom 4. Oktober 1990 offenbart Dutzende Namen von Offizieren des MfS. Gauck hatte sie angefordert. Die Liste dieser empfohlenen Männer waren waren von Günter Eichhorn zusammengestellt worden. Er war mit mit der Auflösung der MfS beauftragt gewesen. Nur später kam heraus, dass er selbst als IM Adler für die Stasi gearbeitet hatte. Von mindestens elf dieser Stasioffiziere ist bekannt, das sie bereits vorher Kontakt zu Gauck unterhielten. Darunter war zum Beispiel Oberst Gerd Bäcker und Oberstleutnant Bernd Hopfer, die beide in der Abteilung „Zentralen Auswertungs- und Informationsgruppe" (ZAIG) arbeiteten. Trotz frühzeitiger Warnungen verteidigte Gauck seine Leute und stattete sie mit Sonderausweisen zu, womit sie unumschränkten Aktenzugang hatten. In seinem Buch „Die Stasi-Akten" 1991 verteidigte Gauck erneut seine Wahl der Stasileute um eine schneller Bearbeitung der Akten durch Spezialkenntnisse zu ermöglichen. Dem widersprach seine eigene Behörde, in den Außenstellen ging die Arbeit genauso schnell voran, ohne Spezialkenntnisse von Stasioffizieren. Es war auch Gauck gewesen der die zunächst befristeten Arbeitsverträge dieser MfS-Mitarbeiter in unbefristete änderte.

Auch erklärte seine Verteidigung nicht warum 50 ehemalige Personenschützer des MfS, als Wachleute der Stasiakten in Berlin beschäftigt wurden. Dies berichtete Welt Online 2006. Damals war dann schon Marianna Birthler Chefin der Behörde und verteidigte die Entscheidung von Gauck. Der Skandal führte zum Rücktritt des Personalrates. Hinzu kam das 1997 Joachim Gauck die Bundesregierung belog und das mit Unterstützung der PDS, ehemals SED, jetzt Die Linke, er habe 15 ehemalige MfS-Mitarbeiter beschäftigt. Heute weiß man allerdings, dass es mindestens 4 mal so viele MfS-Offiziere in sensiblen Positionen gewesen waren (Personal in untergeordneten Personen wie Wachleute nicht mitgerechnet).

2007 erschien die als „vertraulich" eingestufte Untersuchung „Gutachten über die Beschäftigung ehemaliger MfS-Mitarbeiter bei der BstU". Darin werden schwere Vorwürfe gegen Joachim Gauck erhoben. Das Gutachten sagt das Joachim Gauck schon 1971

mindestens 79 bedenkliche MfS-Offizieren mit sehr
bedenklichen Vollmachten ausgestattet hatte. Es heißt
wörtlich:

> *„Nahezu alle ehemaligen*
> *MfS-Bediensteten hatten in*
> *den ersten Jahren des*
> *Aufbaues der Behörde die*
> *Möglichkeit des*
> *Missbrauches.“*

Roland Jahn, Nachfolger als Chef der Behörde,
nannte die Beschäftigung der Stasileute, während seiner
Amtsantrittsrede am 14. März 2011, *„unerträglich“*.

Neben vielen unwissentlichen Informanten der Stasi,
gab es über 10 000 Künstler, Journalisten und Politiker in
der BRD die wissentlich und aus Überzeugung für die Stasi
arbeiteten. Die Stasi spendete diskret Geld an neue
Parteien, um diese zu manipulieren und in ihrem Interesse
zu benutzen, um die BRD zu zersetzen. Darunter gab es
auch Gruppen von Neo-Nazis und entsprechende Parteien,
auch die Deutsche Friedenunion (DFU, gegründet 1960)
oder die Nationaldemokratische Partei Deutschlands (NPD)
wurde am 28. November 1964 von der Stasi gestützt.

Der Gründer Adolf von Thadden war zwar ein MI 6
Agent gewesen, aber um ihn herum waren Stasileute
gewesen, weshalb der britische Geheimdienst dieses
Projekt aufgab. So wie etwa sein enger Vertrauter Lutz
Kuche. Er stand dem Nationaldemokratischer Hochschul-
Bund vor, der eng mit der NPD verbunden war. Es konnte
festgestellt werden, das er bereits 1970 für die Stasi
arbeitete, auch später noch, als er zur CDU wechselte.
Wann er begann der Stasi zu zutragen konnte nicht mehr
rekonstruiert werden. Der MI 6 hatte dies nicht bemerkt, sie
haben die Parteimitglieder nicht überprüft. Der MI 6
kommentierte dies mit: *„Wozu wir hatten doch ihrer Führer.“*

Die NPD würde es eigentlich seit Jahren nicht mehr geben, wäre nicht das letzte Verbotsverfahren am 18.03.2003 eingestellt worden. Das dies geschah ist dem RAF-Terroristen Horst Mahler zu verdanken. Ist er wirklich ins Lager des Feindes gewechselt? Otto Schily nannte ihn noch dieses Jahr seinen guten Freund, weswegen er den Holocaustparagrafen annullieren wollte. Er war auch ein Freund von Gerhard Schröder, der ebenfalls RAF Anwalt war. Schily war an der Schröder Regierung beteiligt, förderte den Polizeistaat, schaffte Bürgerrechte ab. War bei den Grünen, dann SPD, Sein Freund Ströbele einer der Mitbegründer der taz, ebenfalls RAF Anwalt geriet in Verdacht für die Stasi gearbeitet zu haben (Handelsblatt, 03.08.2011, Stasi-Vorwürfe bringen Grünen-Urgestein unter Druck). Dies war geschehen, als Horst Mahler zugab *„ein trojanischen Pferd der Stasi"* gewesen zu sein. Ströbele war aber nicht nur Anwalt sondern ist verurteilter RAF Zulieferer.

Die Biographie von Horst Mahler ist beeindruckend: Eltern bekennende Nazis, auch nach 1945, er trat in die FDJ ein, gründet „Mahler-Gruppe" als Schüler in Westberlin, Mitglied schlagende Verbindung „Thuringia" als FU-Student, als Neonazis bekannt, 1956 wird er SPD-Mitglied, 1959 SDS-Mitglied also kommunistisch, Mitglied Vereinigung Unabhängiger Sozialisten (VUS) kommunistisch, 1961 SPD-Austritt weil zu lasch, nach 1964 erfolgreicher Wirtschaftsanwalt, VUS-Austritt, 1966 Gründung geheimer „Novembergesellschaft", später Republikanischer Club (RC) neonazis, 1969 Gründung „Sozialistisches Anwaltskollektiv" (zusammen mit späterem MdB Ströbele, Grüne) wieder kommunistisch, zu dieser Zeit beginn der Stasitätigkeit (Berliner Zeitung), 1970 Gründung „Rote Armee Fraktion" (RAF), Mahler wird Terrorist nun abgedreht links, Juni 1970, über DDR zu PLO-Waffentraining nach Jordanien, zusammen mit Baader etc. Linksfaschisten, Leiter eines „Volksgerichtshofs", fällt Todesurteil über mitreisenden „Verräter" Homann, dessen sofortige Erschießung von PLO verhindert wird, Volksgerichthof war eine Entlehnung von den Nazis, 1970 RAF-Bankräuber in Berlin (nach Festnahme durch späteren Bundesjustizminister Schily verteidigt), 1972 mit Ermordung der israelischen Olympiateilnehmer durch „Schwarzen September" einverstanden, weil „Geldjuden" wie Karl Marx sagte, 1973 Beitritt zur maoistischen „Roten Hilfe", 1974 RAF Aussteiger, 1975 bekennt sich zur maoistischen KPD/AO kommunistischer Maoist, 1978 späterer Bundeskanzler Schröder wird sein Verteidiger, 1979 will er kein Maoist sein, 1980 Unterstützt er die Grünen, zeitweise Werbung für FDP, Mittelstand, 1988 wieder Wirtschaftsanwalt, 2000 NPD-Eintritt Neonazi, 2003 NPD-Austritt (er sagt, die seien zu demokratisch), 2003 Gründung „Verein zur Rehabilitierung der wegen Bestreitens des Holocaust Verfolgten" (VRBHV) Neonazi, 2004 Mitbegründer, Mitglied „Das deutsche Kolleg" Neonazi, 2009 wegen Holocaustleugnung im Knast Neonazi.

Sein Freund Schily wurde Minister, er landete im Knast. Ohne seine Neonazi Eskapaden hätte er es in dieser Stasirepublik wahrscheinlich bis zum Bundeskanzler gebracht, er wäre nicht die Ausnahme gewesen.

Bereits, bevor die NPD gegründet wurde, ermittelte der BND gegen Adolf von Thadden in seiner Eigenschaft als Zeitungsverleger und Vorsitzender der Deutschen Reichspartei. Dabei handelte es sich um ein Sammelbecken von Altnazis und bestand bis 1965. Von Thadden druckte allerdings SED Publikationen in seinem Verlag für die Deutsche Linke und erhielt Gelder von der Stasi. Die sich immer über 40 000 DM beliefen. Zusammen mit Peter Kleist hatte er die *Deutsche Wochenzeitung* geführt, sie gab Artikel aus Ost Berlin als eigene Publikationen heraus und erhielt dafür jeweils 40 000 DM. (Notiz 23. Juni 1962, AdsD, SPD-BT-Fraktion, 4. WP,

Mappe: 871) Bei dieser Zeitung waren viele hohe SS-Angehörige beschäftigt. Zu diesem besagten Zeitpunkt, 1962, hatte von Thadden eine Wahlkampfspende seiner nationalsozialistischen Partei erhalten, 45 000 DM von der Stasi, weshalb gerade Ermittlungen liefen. Von Thadden verweigerte die Aussage. (Der Spiegel: Zur Person Adolf von Thadden, 18. Oktober 1961, S. 92)

Die NPD sollte zur Darstellung der Nazi-BRD dienen. Von Anfang an verdächtig schien mir der Sinneswandel des RAF-Terroristen Horst Mahler, einem Freund von Gerhard Schröder, der den Inhaftierten begnadigte und der umgehend in die NPD eintrat. Das ist einfach viel zu inszeniert. Er war keineswegs der Einzige. Fritz Liebenow, war ein IM des MfS gewesen, er vertrat die NPD in der BVV von Berlin Köpenick. Dies war 2009 bekannt geworden.

Der als V-Mann des BND bekanntgewordene NPD Politiker Kai-Uwe Trinkhaus hatte in den 1980er Jahren die Offiziersschule der Stasi durchlaufen. Und zwar um rechtsextreme BRD-Gruppen zu unterwandern für die Stasi.

Gesichert gilt ebenso das Kersten Radzimanowski, ein naher Vertrauter von Karl Richter, für den MfS gearbeitet hatte. Als IM bespitzelte er evangelische Kirchengemeinden von 1969 bis 1971, danach sollte er Rechtsextremisten unterwandern. Er war 2009 zusammen mit Liebenow enttarnt worden.

Die Verbindungen zur Stasi sind bei der NPD schwer zu konstruieren, wegen der hohen Zahl von V-Männern des BND (hin und wieder waren BND V-Männer aus Stasispitzel). Aber sie sind da, auch das Gelder aus der DDR geflossen sind, freilich über Umwegen.

Gegenwärtig macht die NPD das, wofür sie gegründet

wurden, sie unterwandert nicht radikale Bewegungen der Bürger, die den schleichenden Putsch in der BRD wahrgenommen haben um sie als Rechtextrem darzustellen. Dies muss unbedingt verhindert werden, denn auch die NPD, wie andere Sozialisten, paktiert mit dem Islam.

Diese Aktionen ließ sich die DDR hunderte von Millionen kosten. Auch die Braunschweiger Neonazis die das Attentat auf Rudi Dutschke planten hatten Kontakt zur zu der Stasi, wenngleich sie vom Geheimdienst der Bundesrepublik überwacht wurden. Das heißt allerdings nicht viel, da auch der BND und Verfassungsschutz von der Stasi infiltriert waren. Die CIA, in deren Einrichtungen man den BND als Außenstelle der Stasi betitelte, scherzten stets darüber, dass, wenn immer sie eine falsche Information an den Ostblock weiterleiten wollten, einfach den BND informierten.

„Als besonders anfällig erwiesen sich jene intellektuellen Kreise (der BRD), deren beißende Gesellschaftskritik sich ausschließlich auf den Westen bezog..." (Die Welt, 11.03.2012, *Wie die DDR Linke und Terroristen der BRD kaufte) „... Am deutlichsten lässt sich das Verhältnis großer Teile der westdeutschen Linken zur DDR vielleicht an jenen Kommentaren ablesen, die sie im Augenblick ihres Untergangs formulierten. Schon die Massenflucht von DDR-Bürgern in den Westen im Spätsommer 1989 löste bei vielen Linken und Linksliberalen keineswegs Anteilnahme und Hoffnung, sondern schwere Irritationen und panische Abwehrreflexe aus."*

Klaus Theweleit, Autor von „Männerphantasien", meinte man solle nur Mitleid mit den Flüchtlingen aus der Dritten Welt haben, nicht mit den Flüchtlingen die *„mit*

Sonderzügen ins Land von Hitlers Enkeln, den natürlichen Ekeln" gebracht wurden. Der Atomphysiker Hans-Peter Dürr wendete sich gegen die Aufnahme der DDR-Flüchtlinge unter dem Vorwand, das dies die Perestroika von Gorbatschow bedrohe. Ich frage mich freilich da, in wie weit es die Bemühungen der Dritten Welt bedrohen mag, wenn man ihnen ihre „Facharbeiter" wegnimmt. Dürr ignorierte ebenso in seiner wirren Aussage, das Erich Honecker ein entschiedener Gegner der Perestroika war und Schießbefehl auf die Demonstranten erteilte. Das es dazu nicht kam, verdanken wir in erster Linie Egon Krenz, der später abgeurteilt wurde, während Erich Honecker erlaubt wurde sich jeder Verantwortung zu entziehen. Später scherzte dieser in seinem chilenischen Exil , dass in Wahrheit die DDR die BRD übernommen habe.

Ein Gipfel dieser linken Schweinerei war die TAZ, wie Der Spiegel (25.10.2009 *Wendejahr 1989 Jubel? Wir sind so frei!*) zitierte, die RAF-nahe Zeitung nannte die DDR-Flüchtlinge *„Wirtschaftsflüchtlinge... die sich von der Prosperität der Bundesrepublik ein Scheibchen BMW und ein paar Neckerman-Reisen abschneiden wollen"*.

Die Frankfurter Rundschau war die letzte die westdeutschen Antikommunismus bekämpfte und *„antisozialistischen Kräfte"*, in der Zeitung wurde sogar bestritten das es sich bei der DDR um eine Diktatur handle und seine Bürger in Unfreiheit lebten. Wie deutlich wird hier doch die Unterwanderung von linken Staatsfeindlichen Elementen.

Alle diese Artikel, die den geistigen Vater Stasi nur zu sehr offenbaren, wurden aus den Archiven der Zeitungen entfernt und können nur in privaten Kopien, oder Abschriften wie hier angesprochen, gefunden werden.

237

In einem Gespräch mit Günter Gaus hoffte der Publizist Erich Kuby („*Mein ärgerliches Vaterland"*) das es sein größter Wunsch sei, das Deutschland geteilt bleibe und das am besten Mehrfach. Er begründete dies damit, dass die Deutschen dumm seien. Und Günter Gaus fügte hinzu nicht „*wegen Auschwitz"*.

Vielen tausenden Spitzel drohte mit dem Untergang der DDR der Ausfall eines lukrativen Nebenverdienstes. Zum Beispiel erhielt Beate Klarsfeld, für die Ohrfeige, die sie dem Bunderkanzler Kurt-Georg Kiesinger gab, 2000 DM von der Stasi. Die Stasi verfolgte im Westen eine Politik der Kompromittierung der BRD. Das führte natürlich zu einer andersartigen linken Politik. In der BRD sollte das Vaterland zersetzt werden, Patriotismus und Vaterland waren daher schlimme Begriffe die Zerstört werden mussten. In der DDR hingegen war der Begriff Vaterland ein verteidigungswerter Begriff. Die Traditionen griffen dabei auf das Vorbild der Nationalsozialisten zurück, in deren Erbe die DDR vielfach stand. Freilich mit aller Vorsicht, denn man musste sich vor der internationalen Kritik vorsehen. Die ständigen Verteidigungen der Politiker von Linkspartei und Grünen für die DDR lässt Übles schwanen. Die DDR sei kein Unrechtsstaat, wird immer wieder bekundet.

Freilich blieben Stasieseilschaften bestehen formierten sich neu. Zur Finanzierung bedient man sich von illegalen Methoden und den vielen seltsamen Transaktionen der Treuhandgesellschaft: Scheinbetriebe deren Gewinne zur Finanzierung subversiver Machenschaften dienten. Als neuer Geldgeber erwiesen sich hier auch von Vorteil die langjährigen Beziehungen von Stasi zu islamischen Staaten. Das Geld floss wieder reichlicher, die Linke blieb, dank der Verschleierungen durch Gregor Gysi, im Hauptbesitz der SED. Gleichzeitig vermochte man auf das großzügige Netz der Stasispitzel in sensiblen Punkten der BRD Gesellschaft zurückzugreifen, die zur weiteren Integration von äußerst bedenklichen Kanaillen des SED-Journalismus führte, der eine Eins zu Eins Übernahme von Göbbels Propagandamaschinerie war.

Inzwischen haben wir die Stasi- und SED-Leute wieder überall. Die Gesellschaft der BRD wird zerstört, die verschiedenen Linken Gruppen arbeiten da zusammen mit unterschiedlichen Zielsetzungen. Allen Gemeinsam ist das Mittel zum Zweck: Die BRD muss zerstört werden. Die BRD ist Böse. Die BRD ist Nazi. Um das zu erreichen werden Kontakte zu Neonazis geschaffen und aufgebaut. Das Wegschauen bei Linker Gewalt und das kreieren von angeblich rechter Gewalt ist gewollt. Genauso wie die Verharmlosung der DDR verbrechen und das erwecken der Erinnerung an eine Gute alte Zeit in der behütenden Mutter DDR. Einst kritische Medien sind längst gleichgeschaltet. Die Überwachung ständig ausgebaut. Mehr und mehr Aktionen der angeblichen Antifa werden bekannt, bei denen Rechtsextreme Anschläge vorgetäuscht wurden.

Die führendsten Zeitungen der Linken wurden seit ihren jeweiligen Gründungen von der damaligen SED mitbetreut und mit bis zu 40 000 DM pro Ausgabe gesponsert. Inzwischen hat die Anteilsrechte an diesen Medien Die Linke übernommen. Klaus Reiner Röhl, der Gründer von „konkret" lernte seine Ehefrau, die RAF-Terroristen Ulrike Meinhof die von Jutta Dittfurt als „Seelenverwandte", bezeichnet wurde, 1958 kennen. Und zwar im Umfeld der 1956 verbotenen KPD, die mit Hilfe der SED aus dem Exil heraus weiter arbeitete. Ulrike Meinhof war bis zu ihrem Selbstmord 1976 Mitglied der KPD. Ihr Ehemann hingegen wurde 1964 aus der KPD geworfen, da er die SED kritisiert hatte. Die RAF Terroristen hatten sich ohnehin sehr wohl gefühlt in der DDR, wie bei den

Palästinensern.

Genauso waren viele andere Organisationen Produkte der SED: MSB Spartakus, SDAJ, Aktion Demokratischer Fortschritt, DFU, Rock gegen Rechts, Krefelder Apell... (Die Welt)

Auch die Kontrolle der Historiker in der BRD gehörte zum Interesse der Stasi, um nämlich das Wort „Sozialismus" behutsam, und ohne Schaden zu nehmen aus dem Begriff Nationalsozialismus herauszulösen.

Trotz des Zusammenbruches der DDR wollte die Alte Garde den Traum von der Revolution nicht aufgeben. Die Grünen machten weiter wie bisher, die Vernichtung und Destabilisierung der BRD Gesellschaft, deren Errungenschaften sie stets gerne ab schröpften. Und der Die Linke ist das ebenso Recht, da man darauf dann das neue sozialistische Vaterland aufbauen kann. Je aggressiver die Neu Deutschen dann sind, je besser. Denn hemmungslose Gewaltbereitschaft bringt Chaos, die Antifa allein reicht dazu nicht aus.

Es geschah, was eigentlich durch den schnellen Beitritt der DDR von Kohl verhindert werden sollten, dank eines von Linksorganisierten versteckten Putsches, gegen ihn. Die staatsfeindlichen Strukturen der Stasi, die selbst in Geheimdienste eingedrungen war, festigte sich und formierten sich neu. Dabei hilfreich war die Rot-Grüne Regierung, die sich Kohl anschloss. Das Wissen gegen Kohl, der ohne Zweifel auch irgendwo was im Trüben fischte, stammte aus Stasiquellen. Zu diesem Zeitpunkt war Joachim Gauck für die Stasiakten zuständig. Auch die wahren Bürgerrechtler, die den Umsturz der DDR herbeiführten, verschwanden im Nichts, wohingegen überführte Stasispitzel chauffiert wurden und integriert, weil

240

sie eben über die richtigen Beziehungen verfügten.

Dies war unbedingt notwendig, denn die DDR drohte die Nazikeule der Linken abzulösen. Stasivorwürfe gegen Journalisten und Politiker trugen dazu bei. Das sollte beschwichtigt werden, in dem es hieß man solle alte Dinge ruhen lassen. Noch ältere Dinge wurden jedoch immer wieder beschworen, weil es dieser falschen Clique dienlich war. Und die bürgerlichen Kräfte schliefen, wo sie lauthals ihre Standpunkte verteidigen sollten. Das allraound Instrument, die Morde des Sozialismus/Kommunismus hätten nichts mit selbigem zu tun wurde erfunden und dann den Verteidigern der Mordexzesse der Islamisten weitergereicht. Urheber dieses Schwachsinns waren die Kader der SED/PDS heute Die Linkspartei.

Erstaunlich das nun die Linkspartei bestreitet das die DDR ein Unrechtsstaat gewesen sei. Gleichzeitig sagt sie, das die Morde der Linken nichts mit dem Sozialismus/Kapitalismus zu tun haben, da dieser nie wirklich praktiziert wurde. Ja wieso denn nicht, denn sie die Linkspartei war doch dafür in der DDR verantwortlich?

Literaturverzeichnis

Bibliographie nur von den Büchern. Die Quellenangaben bezüglich von Zeitungsartikeln, bitten den Fussnoten direkt entnehmen.

Abosch, Heinz: Antisemitismus in Rußland. Eine Analyse und Dokumentation zum sowjetischen Antisemitismus. Darmstadt 1972

Andrew, Christopher und **Mitrokhin**, Vasili: The Mitrokhin Archive II: The KGB and the World, Penguin, 2006

Aronson, I.M.: Troubled Waters. The Origins of the Anti-Jewish Progroms in Russia, Pittsburgh 1990

Ashour, Ali: Ein Werkzeug der internationalen Reaktion, in: Probleme des Friedens und des Sozialismus, Berlin 1986, 150, 3/86,

Beigel, Greta: Recent Events in Eastern Germany, New York 1953

Ben-Sasson, Haim Hillel: Geschichte des jüdischen Volkes. Dritter Band. Vom 17.Jahrhundert bis zur Gegenwart. München 1980

Benz, Wolfgang (Hrsg.): Antisemitismus in Deutschland. Zur Aktualität eines Vorurteils (München: Deutscher Taschenbuch-Verlag, 1995)

Bergmann, Werner /**Erb**, Rainer (Hrsg.): Neonazismus und rechte Subkultur, Berlin 1994

Bergmann, Werner / **Erb**, Rainer / **Lichtblau**, Albert (Hrsg.): Schwieriges Erbe. Der Umgang mit Nationalsozialismus und Antisemitismus in Österreich, der DDR und der Bundesrepublik Deutschland. Frankfurt/Main; New York 1995

Chang, Jung und **Halliday**, Jon: Mao: The Unknown Story, Jonathan Cape, 2005

Courtois, Stephane et al., The Black Book of Communism, Harvard University Press, 1999

Erb, Rainer: (Hrsg.), Neonazismus und rechte Subkultur, Berlin 1994

242

Fest, Joachim: Hitler. Eine Biographie. Frankfurt am Main, Propyläen 1973

Foitzik, Jan (Hrsg.): Das Jahr 1953. Ereignisse und Auswirkungen, Potsdam 2004.

Fulbrook, Mary: German National Identity after the Holocaust, Cambridge 1999

Gerstner, Karl-Heinz: Sachlich, kritisch, optimistisch. Sonntägliche Lebensbetrachtung Berlin, 1999

Goebbel, Joseph: Der Nazi-Sozi - Fragen und Antworten fuer den Nationalsozialisten, Elberfeld, 1932

Heller, Otto: Der Untergang des Judentums. Die Judenfrage, ihre Kritik, ihre Lösung durch den Sozialismus, Wien und Berlin: Verlag für Literatur und Politik, 1931

Hoffmann, Christhard: »das Judentum als Antithese. Zur Tradition eines kulturellen Wertungsmusters«, in: Werner Bergmann und Rainer Erb (Hrsg.), Antisemitismus in der politischen Kultur nach 1945 (Opladen: Westdeutscher Verlag, 1990)

Illichmann, Jutta: Die DDR und die Juden. Die deutschlandpolitische Instrumentalisierung von Juden und Judentum durch die Partei- und Staatsführung der SBZ/DDR von 1945 bis 1990. Frankfurt am Main: Peter Lang 1997,

Kappelt, Olaf: Die Entnazifizierung in der SBZ sowie die Rolle und der Einfluss ehemaliger Nationalsozialisten in der DDR als ein soziologisches Phänomen, Diss., Schriftenreihe Studien zur Zeitgeschichte Bd. 13, Hamburg 1997

Kappelt, Olaf: Braunbuch DDR – Nazis in der DDR, Berlin 1981

Keßler, Mario: Die SED und die Juden – zwischen Repression und Toleranz. Politische Entwicklungen bis 1967 (Berlin: Akademie Verlag, 1995)

Landshut S. / **Mayer** J.P. (Mayer unter Mitwirkung von F. Salomon): Karl Marx, Der historische Materialismus. Die Frühschriften. Leipzig: Alfred-Kröner-Verlag, 1932

243

Leide, Henry: NS-Verbrecher und Staatssicherheit. Die geheime Vergangenheitspolitik der DDR, Göttingen 2005

Marx, Karl: Der historische Materialismus. Die Frühschriften. Herausgegeben von S. Landshut und J. P. Mayer unter Mitwirkung von F. Salomon (Leipzig: Alfred-Kröner-Verlag, 1932), erster Band, S. 227-255 (erster Teil) und 255-263 (zweiter Teil)

Offenberg, Ulrike: Seid vorsichtig gegen die Machthaber. Die jüdischen Gemeinden in der SBZ und der DDR 1945 bis 1990, Berlin 1998

Pick, Hella: Simon Wiesenthal. A Life in Search of Justice, London, 1996

Preface, Frantz Fanon, The Wretched of the Earth, Penguin, 1967

Rapoport, Louis: Hammer, Sichel, Davidstern. Judenverfolgung in der Sowjetunion. Berlin 1992.

Timm, Angelika: Israel in den Medien der DDR, in: Jahrbuch für Antisemitismusforschung, Bd. 2 (Hrsg.) Wolfgang Benz, Frankfurt/Main 1993

Timm, Angelika: Jewish Claims against East Germany: Moral obligations and Pragmatic Policy, Budapest: Central European University Press, 1997

Thompson, Jerry E.: Jews, Zionism and Israel. The Story of the Jews in the German Democratic Republic since 1945, Ann Arbor/Mich. 1978

Toland, John: Adolf Hitler, Bergisch Gladbach: Lübbe, 1977

Vetter, Matthias: Antisemiten und Bolschewiki. Zum Verhältnis von Sowjetsystem und Judenfeindschaft 1917-1939. Berlin 1995

Vollnhals, Clemens (Hrsg.): Entnazifizierung. Politische Säuberung und Rehabilitierung in den vier Besatzungszonen 1945-1949, München 1991

Wiesenthal, Simon: "Die gleiche Sprache. Erst für Hitler – jetzt für Ulbricht", Eine Dokumentation der Deutschlandberichte, Wien 1968

Wistrich, Robert S.: Hitler's Apocalypse, Jews and Nazis, London 1985

245

www.ingramcontent.com/pod-product-compliance
Lightning Source LLC
Chambersburg PA
CBHW070853290526
45795CB00001B/103